新时代「强基兴师」丛书

高效与纯粹

王忠文谈生物教育

王忠文 ◎ 著

安徽师范大学出版社
ANHUI NORMAL UNIVERSITY PRESS

· 芜湖 ·

图书在版编目(CIP)数据

高效与纯粹:王忠文谈生物教育 / 王忠文著 . —芜湖:安徽师范大学出版社,2023.10(2024.5重印)
(新时代"强基兴师"丛书)
ISBN 978-7-5676-5983-4

Ⅰ.①高… Ⅱ.①王… Ⅲ.①生物课—教学研究—中学 Ⅳ.①G633.912

中国版本图书馆CIP数据核字(2022)第230999号

高效与纯粹:王忠文谈生物教育

王忠文◎著

GAOXIAO YU CHUNCUI WANG ZHONGWEN TAN SHENGWU JIAOYU

策划编辑:吴顺安　吴毛顺

责任编辑:童　睿　　　　　　责任校对:夏珊珊

装帧设计:王晴晴　汤彬彬　　责任印制:桑国磊

出版发行:安徽师范大学出版社

　　　　　芜湖市北京中路2号安徽师范大学赭山校区　　　　邮政编码:241000

网　　址:http://www.ahnupress.com/

发 行 部:0553-3883578　5910327　5910310(传真)

印　　刷:江苏凤凰数码印务有限公司

版　　次:2023年10月第1版

印　　次:2024年5月第2次印刷

规　　格:787 mm×1 092 mm　　1/16

印　　张:15.5

字　　数:254千字

书　　号:ISBN 978-7-5676-5983-4

定　　价:88.00元

内容简介

"新时代'强基兴师'丛书"以安徽师范大学"基础教育振兴行动计划"为指引，坚持落实"立德树人"的根本任务，立意高远，目标清晰，特点鲜明。

本书从做高效的教学、发掘教育途径、做纯粹的教育、实现终身教育四个模块，全景式展示一名优秀教师成长历程。其中，"做高效的教学"用独特理解创新生物教学方法，"发掘教育途径"以课前演讲为基石探讨拓宽教育的途径，"做纯粹的教育"以学生为本科学探索教育的经验，"实现终身教育"从课堂延展，用师生终生的生命观察实现终身教育。每个模块都由王忠文老师从教以来教育教学经验提炼而成，包含其对生命科学教育理念的独特理解，对青年教师成长有极好的示范引领价值。

作者简介

　　王忠文，1987年毕业于安徽师范大学生物专业。马鞍山市第二中学正高级教师，生物特级教师，教育部"跨世纪园丁工程"国培班成员，安徽省理科实验班竞赛教练，马鞍山市导师团导师。曾获安徽省优秀教师，马鞍山市级先进工作者，市优秀教师，市师德先进个人等荣誉。2000年，课题研究获国家级骨干教师结业论文二等奖、省95社科研成果三等奖。曾指导学生6人获全国中学生生物学奥林匹克竞赛国家一等奖，2人进入国家集训队，4人获国家二等奖；指导学生获教育部"明天小小科学家"提名奖；2002年，指导学生获全国青少年科技创新大赛三等奖。发表著作《全国生物生物奥林匹克竞赛试题精选》等多部，参编《安徽省综合实践活动教材》《安徽省综合实践活动教材》等多本。在《生物学教学》《生物学通报》等核心期刊发表论文十多篇。

赓续学脉　强基兴师
擦亮师范教育的育人底色

　　教育、科技、人才是全面建设社会主义现代化国家的基础性、战略性支撑，建设教育强国是中华民族伟大复兴的基础工程。安徽师范大学在新时期的办学理念上坚持"1234"：一是以实现中华民族伟大复兴为己任；二是尊重科学、尊重知识；三是做好基础与应用、理论与实践、科学与工程的结合；四是人才培养注重服务"四个面向"战略部署。新时代新征程，学校全面实施推进"基础教育振兴"和"学科振兴"两大行动计划，着力提升学校办学综合实力与核心竞争力，奋力在"双一流"建设上实现新突破，全面引领服务安徽基础教育发展，打造基础教育振兴安徽模式。

　　百年大计，教育为本；教育大计，教师为本。基础教育是人才成长的起点，又是整个教育体系的根基，在国民教育体系中承担着特殊使命，事关国民素质提升，事关人的全面发展，事关社会公平正义。

再回母校，我越发深切地意识到提升基础教育的质量、造就一支高素质专业化基础教育教师队伍，对于办好基础教育乃至整个国民教育至关重要。强基兴师，利在当下、功在千秋。

强基兴师，是师范院校的使命。师范教育一直都是安徽师范大学的办学底色，也是办学核心竞争力的关键所在。学校是安徽基础教育的"母机"，是强基兴师的主力，要牢牢坚守培养高素质基础教育师资的办学使命，坚决扛起基础教育振兴时代重任，擦亮师范教育的育人底色，努力解决"双减"政策背景下，基础教育优质资源难以满足人民群众需求的难题。我们要为安徽基础教育改革做点事情，务实求真，做好高品质教师培养，全面服务安徽基础教育发展，努力为振兴安徽基础教育作出师大人的贡献。

强基兴师，是创新教育的基石。在中国式现代化进入新征程的今天，强化教育优先发展的战略地位，体现了以创新为核心的教育、科技、人才三大战略的规律性联系。无论是加快建设科技强国，实施创新驱动发展战略，加快实现高水平科技自立自强，积聚力量进行原创性引领性科技攻关，坚决打赢关键核心技术攻坚战，增强自主创新能力，还是建设人才强国，加快建设世界重要人才中心和创新高地，着力形成人才国际竞争的比较优势，基础都在教育。创新的基础教育才能培养创新的人才，而创新人才培养又有赖于高素质专业化创新型教师队伍。因此，学校要从师资队伍建设、人才培养方案、教材教法教案抓起，着力打造优秀教师培养体系和教师终身学习体系，让每个从安徽师大走出的教师乐教善教，成为安徽教育的主力军，推动教育高质量发展。

强基兴师，是教育强国的关键。党的二十大描绘了中国式现代化的宏伟蓝图，亟须进一步形成加快建设高质量教育体系赋能中国式现代化的实践进路，实现中华民族伟大复兴的中国梦。习近平总书记在致清华大学苏世民学者项目启动仪式的贺信中指出，教育决定着人类的今天，也决定着人类的未来。教育兴则国家兴，教育强则国家强。"教育是提高人民综合素质、促进人的全面发展的重要途径，是民族振兴、社会进步的重要基石，是对中华民族伟大复兴具有决定性意义的事业。"由此，我们师大人使命光荣、责任重大，唯有踔厉奋发、笃行不怠，方不负党和人民的信任和重托。

安徽师范大学出版社策划的"新时代'强基兴师'丛书"很好地顺应了学校事业发展上水平、上台阶谋划设计的发展举措——"基础教育振兴行动计划"，立意高远，目标清晰，特点鲜明。

其一，开放性与系统性相结合。"新时代'强基兴师'丛书"是一个开放性的体系，在确保科学性、学术性、可读性的基础上，不断吸纳新理论、新思想的教育论著，推进创新；不断发现有创举、有成效的教育成果，推广运用；不断推荐省内有思想、有成就的学科名师，传经授艺。同时，丛书围绕理论、实践和名师三个系列，将介绍教育理论、推荐教育实践、总结名师经验进行系统性整合，希望可以打造成为安师大出版社教育类图书的品牌。

其二，科学性与前沿性相统一。丛书既有高校教育专家学者的理论研究，也有中学教育名师关于自身成长历程的总结和对教育管理与教育教学的探索，还将总结与推广2022年安徽省基础教育教学特等奖和一等奖的获奖成果，展示这些成果坚持立德树人的价值导向，一切从学生出发，释放学生生命活力和智慧灵性的实践案例，产生激励、引领、推而广之的积极作用。丛书力求展现安徽基础教育前沿成果，宣传安徽名师典型，充分发挥名师效应。

其三，理论性与实践性相呼应。丛书包含两条主线：一是重点展现名师关于教育理论和教育实践的理性思考，体现他们对教育本质的探索和追求；二是展示新时代教育工作者对基础教育改革与发展的新探索和新实践，让教育教学创新成果落地生根。丛书既关注教育教学研究的前沿动态，又贴近中小学教师的工作生活，做到理论与实践相统一，力求建立一套完善的中学学科教师专业发展机制，形成一批可复制、可推广的中学师资队伍建设改革经验，发挥示范引领作用。

这套丛书将为中国教育的高质量发展提供我们安徽的真知灼见，也为安徽师大正在打造的金牌教案、金牌教练、金牌师范生"三金"工程提供鲜活的案例，力争为全国师范教育改革和基础教育振兴提供"参考样板"。

李亚栋

癸卯兔年盛夏于清华园

（李亚栋，中国科学院院士、安徽师范大学校长）

目　录

做高效的教学

发掘教育途径

做纯粹的教育

致敬青春：写给未来的名师

未来的名师：

　　赭山下盘桓的年轻身影依然还在脑海浮现，但屈指算来，青春已远在三十年之外。非常怀念我们在安徽师范大学的青葱岁月，非常感谢母校给予我们的悉心栽培，也非常羡慕正值青春岁月的你们。回望过去，如果想描摹青春的可贵，最贴切的大概就像《趁着你年轻》里唱的：想着什么就是什么的年华！特别幸运的你们，可以在这个伟大的时代，想象着一切可能！

　　亲爱的同学们，如果正值韶华的你，想成为一名优秀的教师，我的体会是：这是一个不错的选择，它可以让你遇见一个最好的自己。

　　想成为未来的名师，最好我们现在就可以着手准备。

一、未来名师的校园修炼

1.修身

　　我们每个人天生都不完美，但我们要争取先做一个学生心目中形象完美的老师。

　　形象首先依赖健康的体魄，优美的坐、立、行姿。

记得我曾经因个高而含胸，为此我时刻提醒自己挺胸，从此在学生心目中一直都是挺拔的样子。

另外，语言表达、板书、沟通能力，都可以在走上讲台前进行训练。一口标准的普通话、一手漂亮的板书、一段亲切得体的问答，都是吸引学生眼神的利器。

教师不需天生丽质，但趋向完美的教师一定是学生的期待。

2. 立志

未来是一个欣逢盛世的时代，伟大的时代需要强大的教育，强大的国力又支撑了伟大的教育。可以想象将来教师一定是竞争激烈的职业，这个时代也是能成就教师梦想的最好时代。

教师事业是需要热爱加梦想才能做好的事业。

记得我认识的一位同仁，天资优异，数学成绩突出，但对生物教育无感，甚至曾改教过计算机。临退休时，还听到他不停埋怨学生，甚至埋怨空气中雾霾。我想他一定是选错了职业，生物教师职业耽误了他的数学天赋。可以断言，像这样没有职业兴趣，一定做不好这个职业。没有兴趣，就没有激情，更没有创造性，也很难在竞争激烈的教师职场立足。

立志使人更早追逐梦想。

一次招聘会上，一位年近不惑的老师的课堂处理给我留下了深刻的印象。我惭愧的对同事坦言：四十岁的我，对教材的理解不如这位老师。细想不全是天赋不足，而是自己在职业头十年蹉跎自误使然。

所以将来的职业高度，很可能取决于你最初立志的早晚。想成为未来的名师，容不得你半刻迟疑。

3. 读书

古人云："居无竹则俗。"居无竹竟使人俗，黄庭坚更觉得三日不读书，镜中面目可憎。作为教师如果不读书，在众多学生的眼中，其形象该是怎样的不堪啊！记得当年在师大的图书馆里，几乎用自己所有闲暇去读书，虽然没有多少生命科学教育书籍可读，但那些文学类书籍，如杰克·伦敦、梅里美的小说，都让我对生命的力量充满敬意；如普里什文、屠格涅夫对自然的记录，给我观察自然的初心注入了强大的动力。可以说，读书是教师儒雅之气的源头，也是获得学生好感的好方法。

4.观察思考的习惯

宋代宗杲禅师云："譬如人载一车兵器，弄了一件，又取出一件来弄，便不是杀人手段。我则只有寸铁，便可杀人"。自此有"寸铁杀人"之喻。杀人，喻解决问题；寸铁，喻自得觉悟。

生命科学的文献千万，相关知识层出不穷，但最好的教学资源仍是自然，是我们的生活。只有经过自己观察的直接经验，自己思考悟出的科学道理，才最能打动学生，才能最好地解决教学问题。观察思考才能锻造教师"寸铁"，才能练就解决问题的利器。

二、成为名师需要良好的工作习惯

1.绝不拖拉

当今年轻教师工作繁杂，但我们必须明白教学是最重要的事。教学工作有强烈的时间限制，拖拉就意味准备工作质量的下降。因此，从开始工作的第一天起，一定做到工作不拖拉，今天的事今天做完，下周的公开课教案本周必须完成。这样才能做到精益求精。

2.多反思

教学工作有很强的实践性，很多经验只能来自实践。这就要求我们从自己的课堂实践反思，同样的一轮教学实践，反思得越多，成长得越快。当然，反思的课堂还可以是别人的教学、听课、听报告等。

3.和学生多交流

教学，绝不只是教。严格地说，更应关注的是学。学生学得怎么样，课后作业的反馈有时会失真，最可靠的是与学生交流。除此之外，交流也可增进师生情感。无交流，甚至不可称为课堂。毫不夸张地说，交流是教师最重要的能力之一。

4.多记录心得

把每个教学失误、心得记录下来，为自己的成长留下可视的记录。一段时间后，翻开长长的记录，这是获得正反馈的最佳路径，还可避免下次犯错，也为自己撰写论文积累素材。

5.竞赛辅导是拓展知识边界的契机

生物奥林匹克竞赛辅导是一项考验脑力、体力的工作，还常常看不到劳动成果。但经历三轮辅导工作后，你对所有的大学课程有了全新深入的理解，对中学课堂的科学性的驾驭一定变得游刃有余。

从这一点看，竞赛辅导是成为名师的必要淬炼。

三、期待你们成为盛世名师

成为名师需要持续不断地努力。

由于教学能力是一种实践能力，因此培养需一个长期的过程。我的体会是五年入门，十年像样，至于成熟最少需十五到二十年，要达随心所欲、收放自如的境界需三十年。在这二十年里，你要抵挡一切放逸、偷懒的诱惑，排除评优、评职称等带来的一切烦恼，还要守得住清贫，耐得了寂寞。孜孜以求，不疾不徐，二十年如一日，你就守得一个云开日出。

如果你坚持到那一天，得到的回报也是巨大的。

从此每天都有学生们甜美的笑脸相迎，每节课都能收获他们崇拜的青春眼神。你还能影响他们的灵魂，成为名副其实的人类灵魂工程师。你会发现看似琐碎的每个教育环节处理其实都可以更好，都存在创造，你会感叹做一名教师真好！

从此青山常在，岁月不老。你成就了每一位学生，也成就了一个更好的自己。

成为名师的历程，是修行，也是遇见心灵、样貌都是最好的自己。这是一个有趣而美妙的人生旅程！

未来的你们，将正逢千年一遇的民族复兴盛世。人生区区数十载，你们是何其的幸运！盛世需要更高的公民素养，盛世需要更高的创新能力，而教育是民族复兴的重要支撑。盛世的教育，需要更多伟大的教师来引领教育。希望正值青春的你们，勇于选择教师这一职业，有更多的人立志成为名师。

未来的名师，在民族复兴的洪流中大显身手，成就自己的事业。你们一定会不负自己，不负伟大时代！

祝福你们这一代恰逢盛世的名师，相信你们一定有一个光明灿烂的未来！

一位致敬青春的老教师

2023 年 6 月

教学心路：生命科学与教育

我为什么选择生物专业？现在想想可能是由于单门独姓地生活于乡下。单调的乡村生活中没有文学，没有物理，没有化学，也不需要数学，而乡村最富有的，便是形形色色的生命了。这大概就是我填报志愿时的直觉，不是对未来的憧憬，只是对过去生活的一种依恋。

一、遭遇学科发展的低谷

我的小学和初中学业都在僻远的乡村学校完成，那里师资不整。即使在初级中学，教师也大多数是非师范教师，多为下放的城市知青，或刚高中毕业的农村青年。三年不规范的初中教育中，英语学习几乎是空白。尽管我大学时专业课优秀，但因为英语成绩差，考研无望。到大学毕业时，有三分之一的同学读研深造，而自己只能带着羡慕的心态去做了一名生物教师。

记得毕业前夕曾去拜访一位自己的高中数学老师，他很诧异地说了一句：你怎么学了怪怪的生物专业？这才知道生物高考分值低，1986年才提高到70分，因此每个学校的生物教师少，学校也不重视。1981年生物学科才被列入高考科目，到1994年教育部又取消了生物高考（2002年恢复），这让生物教学雪上加霜。取消生物高考的这八年，造成很多生物教学人才流失，也严重挫伤了广大生物教师的职业发展信心。1987年毕业时，由于马鞍山二中一位教师生病我才得以留校，但只能在初中任教。直到1996年才进入高中部，生物学科发展的艰难，生物教师的绝望我全程感受。无疑，在我职业起步的时候，遇见了生物学科发展的低谷。

二、初登讲台诚惶诚恐

可能是乡村成长经历，对无知的恐惧，促成我的四年的大学生活我主要泡在图书馆，读大量的课外书。因没找到生物学教学有关的书籍，对未来的讲台准备得太少，现在记得的只有一本薄薄的笔记本，记录了一些生命之最，一些生命奇闻，如最大的动物、会吃人的树等。可惜就这一小本记录，后来也没用上。倒是我在黄山实习、做论文的经历非常生动，一次捉肥螈的遭遇学生特别爱听。

那是一个风高月黑的夜晚，我们穿好雨衣，扎好裤腿，以防碰到毒蛇。我们两人分别沿着两条山沟向山涧高处搜寻，因为肥螈生活在海拔一千米以上的溪水中。可是当我行到一半的时候，手电筒忽然坏了，突然之间就变得寸步难行。周围的黑暗中潜伏着许许多多的危险，好在手电筒熄灭之前，我发现了一处水潭，中间有块石头可以立足。我蹚水跳上石头，又担心蛇也会游过来，于是又蹲下身子，用雨衣裹住石头的四周。

我就这样蹲着，等待着。

山间雨后瀑声轰响，叫天不应，叫地无门。

生命的脆弱与渺小，如黑色夜幕中偶尔一露的星光。潮湿的石壁上有一点点闪光吸引了我的目光，那是萤火虫正在求偶，荧光就是它们的情话。无疑，正是因为那石壁上的点点荧光，褪去了我心中的黑暗与恐惧……

每当描述这一经历时，讲台下的孩子们鸦雀无声，人人眼里放光。

我突然发现生物学可以是鲜活无比的自然探索，远不是书本上呆板的形态、结构及功能。

怎样去探索？实验可能是带领学生探索生命的最佳入口。此后，凡是教学中能以实物呈现的，我都先去采集标本，凡是能以实验课形式上的，我都一定准备好材料去实验室上。从此，课堂里再没有走神的学生。

三、高中教学再遇挫败

到了高中部教学，初中的教学心得便不适用了，因为高中实验内容很少。除了经典遗传学部分以外，高中教材枯燥的描述、繁多的概念，聪明的孩子自学也能学会，作为教育者，我的作用何在？甚至有时上课组织教学都成问题，这让我对课堂的感觉重回初登讲台的泥沼，充满了挫败感。

虽然自学也可以学会，但是他们的理解能否达到课程设计的要求？怎么让学生和教师一起去探索一个生命现象、生命原理？我们可以通过提出问题，引领学生去探究，去思考。这至少可以很好地完成组织教学，又能培养学生的思维能力。

于是，我把每节课学习内容都设计成一串问题，尽量从我们的生活出发，引领学生一同探究。从此课堂发生了逆转，终于我又能看到讲台下那些发光的眼神。凡是一节课有学生不抬头，我就知道这节课设计得还不够好，必须重新加入更好的问题。

经过多番的努力和探索，我终于又体会到久违的成就感！

后来读到杜威先生的问题教学法，立即被他的理论折服。原来我多年的实践探索心得，尽在杜威先生的研究中。原来学习教学理论，再将它应用于课堂教学，能让课堂教学事半功倍。

杜威先生的问题教学法要求过高，现实课堂中很少存在。其过程包括创设情境、发现问题、提出假设、作出实验预期（推论）、验证预期。这是科学家研究问题的过程，现实教学中很难具备完整过程，但科学家研究问题的过程，正是人类认知未知的正确思维过程。如果在中学教学中全面渗透这一思维方式，培养学生的思维及解决问题的能力，无疑是一个正确的选择。问题不典型，我们可以将"五步教学法"分成片段，分别契合不同类型的问题。某些较难问题可以研究提出问题，作出假设。如果问题较为简单，我们可以叫学生作出预期、设计实验。如果是一些可以进行实验探究的问题，我们也可以把整个五步教学法完整地呈现。我想这样恰好符合杜威先生所提出的"课堂是有准备的环境"这一理念。要实现或部分实现五步教学法，教师进行有效的引导是关键，而实现引导的要领则是提出教学问题。因此，我的教学研究重点就开始转移到提问环节。

一节课先构架为几个逻辑关联的大问题，每个大问题又由几个逻辑关联的小教学问题构成。这样的一节课，逻辑性自然很强，培养学生逻辑思维能力的目标就已经实现。如果再联系杜威先生提出的五步教学法，哪怕是部分环节也可以很好地培养学生的探究能力。如果完成了这样的两个重要教学目标，我相信这节课就是我理想中的课堂了。

四、寻找更丰富鲜活的生命教育素材

我常常这样想，人在幼年时期最喜欢的玩具一般都是小动物，但是我们课堂中的生命素材却是枯燥乏味的，这是由于学生本身不喜欢吗？显然不是，而是我们在课堂中教学内容的选择不够恰当。什么样的材料才是学生喜欢的生命教育素材？

一次与大二学生的聚会，我问起他们："你们还记得我们高中生物课上什么内容吗？"他们想了想，异口同声地说："一只野兔。"我很惊讶！因为我以为他们想到的是光合作用的原理或是细胞分裂的过程，或者是孟德尔遗传定律的美妙，竟然都不是！

那是我在"生态环境的保护"一节当中提到的一段童年经历。一个冬天黄昏，我去寻找一只丢失的小羊，却发现一只野兔和小羊正在玩耍，我兴奋地睁大眼睛望着它们，那只野兔竟快乐得忘记了逃走！我抢起树棍砸向野兔的头，野兔流着血逃走了。至今，我仍忘不了那只被我砸伤的野兔，忘不了那个充满愧疚的黄昏。

什么是教育？把在学校里学到的所有东西全部忘记之后留下来的知识才叫教育。如果没有猜错，老师的愧疚一定是那只野兔在学生心目中鲜活的原因。

从此我找到了发现生命科学鲜活素材的途径。也正是对那只野兔的愧疚，让我发誓做一个热爱生命和热爱自然的人，去记录自然和生命的可爱，并源源不断地反哺我的课堂。我开始观察记录身边的每一种动植物，曾经花五六年的时间去观察校内的红骨顶，以至那湖中的红骨顶被同学们亲切地叫作"忠文鸭"。经过几年的观察，我写了近十万字的记录。说起身边的动植物，我在课堂上可以随手拈来，从此我的课堂充满生活和自然的气息。

生命科学教师应该有一种魔力，可以在自然和课堂之间穿越，使自己成为学生了解自然和生命规律的通道！庆幸的是我终于具备了这种魔力，应该感谢那只野兔！

五、做一个观察自然生命之美的引领者

既然课本的知识对学生的未来不是最重要的，那么什么是最重要的呢？科学思维、科学方法、生命观念我们都可以关注。怎样才能做得更好？

现在的孩子与大自然是疏离的。

一位小学教师在自然课上提问："鸟是怎么飞的？"很多人做出奥特曼的姿势：伸臂、一个拳头向前。这是因为自然中没有鸟儿在飞吗？不！城市里也有燕子啊！

如果学生与自然是疏离的，怎么谈培养热爱自然、热爱生命的情感？

巴塞罗那全球健康研究所的科学家利用在欧洲四个城市收集的 3 585 人的数据，报告了远离自然界的成长与成年后的心理健康之间的密切关系。他们发现童年时期接触自然的机会较少与较高水平的紧张感和成年后的抑郁感之间有很强的相关性。

我们的生命科学课堂能不能拉近学生与自然的距离？弥补学生与自然的疏离？或是再建他们与自然的联系？

如果我们能加强一点学生与自然的纽带，培养一点对自然的热爱，也许他们将来会更坚强一些，更乐观一些，更幸福一些。这是多么伟大的事业啊！

我还要为学生分享观察自然和生命提供一个空间，于是我开始了《感悟

生命》的课前演讲。这样不但可以引领他们去关注自然、关爱生命，而且能分享每一个人的感悟体验。另外，每次演讲的教师评价阶段，还可分享教师的体验。

德国哲学家雅斯贝尔斯在《什么是教育》中指出，所谓教育不过是人对人的主体间灵肉交流活动。将一个学科教育变成交流生命、理解生命的际会，这才是最好的教育。我们幸逢生命科学发展的年代，幸逢细胞学、分子生物学、生物化学、生态学的迅猛发展，互联网的高度发达，让生物学教育者能最大程度洞悉生命科学的最新进展，能掌握最全最新的生命科学知识，来丰富我们的课堂。我们还能把亲自参与的生命观察、研究的体验，把生命现象、原理之美展现给学生，月以培养未来公民的生命观念。

这是多么幸运的一代生命科学教育者！这是多么美好的教育形式！我们是多么幸福的教育者！虽然曾经遭遇学科发展的最坏年代，现在看来，学科无先例可循，也无思想限制，之意味着思想可凭着教育的宗旨任意发展，因此也是最好的年代。

幸好，我没有放弃！

做高效的教学

实验是生物学习的原点

一、实验教学对学生的意义

1.提高学习兴趣

为什么提到实验，学生总是兴高采烈？因为实验能满足学生探寻的天性。实验既是科学的起点，又能激发兴趣。兴趣是学习的最好导师，只要有了兴趣，学习便不存在问题。所以从这个意义上看，实验教学对科学教育有不可估量的价值。

2.提高实验能力

实验能力具体可包括实验设计能力、动手能力、科学思维能力。实验能力是科学发现的基础，也一直是我们教育的弱项。同时，实验教学也是提高学生科研能力的一种途径。

3.验证理论知识

不断得到验证的理论，不但使人们对理论的理解更深刻，而且是发现问题、进行质疑，从而产生继续探究的动力。

实验——理论——再实验，这是科学发展的一般规律，也是人类认知发展的一般过程。进行实验教学正是遵循人类认知发展的正确规律，促进学生认知发展的最佳途径，也是促进学生达成深度学习的必由之路。

二、实验教学对生物教师的意义

1.提高教学自信

（1）增加教学手段。生物是一门实验自然科学，从自然中取材进行实验，是在每一次重难点突破中最先、最佳的选择，引用教师观察的照片、录像是其次，再次是运用动画等模型。

（2）丰富教学素材。如普通的玫瑰花瓣是很好的教学素材，稍作处理，放置在显微镜下观察，玫瑰液泡宛如刚熟的一粒粒草莓瘦果，晶亮圆润；放在蔗糖溶液中，可清楚看到液泡的一角失水变成无色，再放入清水中，又恢复到原样。那鲜艳的景象终身印在我的脑海里。

2.促进教师成长

大学毕业时，我的论文导师给我写了一封推荐信，信中提及的一个优点是"动手能力强"，这让我对自己实验能力的信心大增。也让我在初中任教时就喜欢做实验。一次我把苔藓叶投影到实验室白墙上，看到细胞中叶绿体逆时针流动，让我瞠目结舌，我静静地看着，忘记了吃饭。

做实验对我教学观念的形成，对实验教学的认知产生了深远的影响。实验教学也成为我研究教学的第一个焦点。

我最初的一次全省报告就是关于实验教学，题目叫"如何进行实验分析"。这对一个刚毕业5年的新教师的影响之大，再怎么评价都不为过。

三、实验教学存在的问题

第一，少。美国BSCS高中教材中实验课时约占一半，目前我们的生物教学中实验教学内容少。

第二，开设不足。在问卷调查中，大多数初中实验课时不足规定的一半，甚至有的初中只做一次"显微镜使用"实验。

第三，质量不够高。实验教学中放养式或按图索骥式为常态，这两种方式都源于教师参与调控不够。同时，教师实验教学能力不足，也是质量不高的一个重要原因。

四、解决策略

1.提高教师的认识

虽然课时紧，实验教学费时又费力，但实验是提高学习成绩的重要途径，更是促进学生终身发展的必要过程，是对教师个人发展和教学能力的考验。

2.提高实验教学质量

（1）做好预实验。指实验前的准备实验，这是组织好实验教学的前提，也是提高实验课堂教学效果的主要路径。

（2）将学生兴趣放在第一位。①增加选择性、开放性、探究性。选择性：在教材规定实验的基础上，学生可自主选择自己想做的实验。每次实验提前一周告知，让他们充分构思、准备，究竟有哪些想做又可做的实验。开放性：实验室对学生开放，如高压灭菌锅的使用，可以让学生在实验室老师的指导下，进行微生物培养。探究性：实验的根本目标是探索未知，应尽量增加实验的探究性，如把叶绿体色素提取、分离改变成探究性过程。②为学生提供更多的探究时间。很多实验课上，时间都花在操作规范的指导上，最后留给学生的实验时间被严重压缩。现代的实验课，应该延长学生的探究时间，如果一节实验课学生仍意犹未尽，不愿离开，这就是成功的实验教学；反之学生悻悻然离开，就是失败的实验教学。

（3）培养学生进行实验的习惯。实验中永远存在不确定性，不断有新问题情境，这正是培养探究能力的最好契机。在显微镜实验室，一个男生说："我想用显微镜看看头发。"教师怎么回答？"好，你试试。"让他自己找出看不出结构的原因，是不透光。观察脂肪染色时，指导学生带来多种动植物脂肪组织……

记得有次实验课上观察甘蔗茎维管束时，面对其侧芽，一位学生突然问："老师，甘蔗是否也有顶端优势？"我想了想，给了他一个肯定的回答。

课后，我赶紧查了一下，结论是甘蔗有强烈的顶端优势。这件事虽然已过去了25年，那次发生在初中课堂上的问答却至今印象深刻。

最近做有机物检测时，一位女生自带了一块马铃薯，我建议她切出薄片，用碘液染色后再观察。她把马铃薯片放在载物台上，却没看到细胞。正神情沮丧时，我稍作调节，视野内便出现淀粉粒，形如一颗颗钻石，晶紫，中央却有一道洁白。颗颗"钻石"般淀粉在浅蓝背景下，高贵典雅，窝在细胞中也熠熠生辉。同学们一看，惊叫连连。此刻的我大概是一位最幸福的实验老师。

五、把实验教育功能延伸到课外

兴趣只是起点，不是目的。好的实验教学也只是起点，不是实验教学目的。引导学生进行主动、独立的探究，才是实验教学的主要目的。

显然，教材现有的实验很难满足这一需要。

布置一些课外实验。如认识校园植物、家中酿葡萄酒。

布置观察实验。如种植并观察植物，观察一种动物。

交流实验体会。有一句格言说："哲学起源于闲暇和诧异。"探究也是人在闲暇之余的本性。在家庭富足的社会中，中学生比以前更有探究的欲望和动机。这里特别想对初中老师嘱咐一句：初中学生更有时间进行实验，探究的动机更强烈，如果适时开展实验，对他们的影响更加显著。

实验教学的意义何在？陆游云："纸上得来终觉浅。"

实验的意义在于示范并引导学生运用学习生命科学最根本又最具生命力的方法来认识生命和探究生命，从而提高学生自身的生命质量。回头看看，我的很多论文都是从实验研究开始的，它提高了我进行教学科研的信心，改变了我教学生涯的走向。

以问题链搭建教学思维的支架

一、利用认知冲突设计教学问题

教学研究表明，与低冲突条件相比，高冲突条件下被试者的知识更新水平更高，也就是更有利于概念的转变。两者的差别，如图1所示。所以在教学过程中，着眼学生思维发展，教师应该在高认知冲突处提出问题。

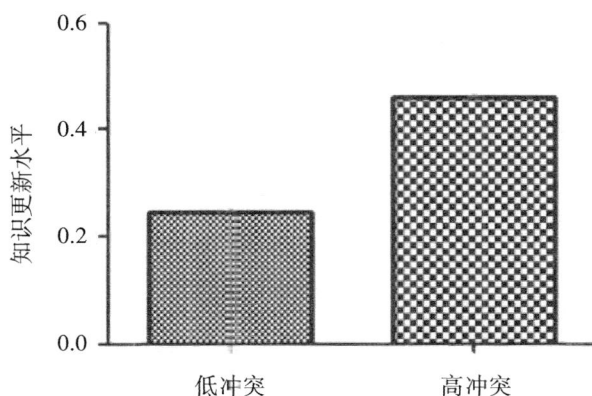

图1 认知冲突对知识更新的影响

设计教学问题首先要发现学习过程存在的认知冲突。

1. 发现认知冲突

一节课内容无论是否繁杂，教师都先要整理出学习中相互关联的课堂结构。如"生态系统的信息传递"一节，信息传递的类型（现象）→信息传递模型（抽象）→信息传递的意义（功能）→信息传递的应用（模型应用）。

生态系统信息类型形形色色，如何归类？即使分类后，还显杂乱，学生只能感觉到一堆现象，不能认识其本质，就会产生认知冲突，如生物信息能作用于无机环境吗？

2. 解决认知冲突

这里可以采用建立概念模型的方法。先让学生讨论，归纳信息传递的共同点。信息传递过程可以分三个阶段：发出信息、传递信息与接受信息。有学生提出能否分为接受过程、发生改变两个阶段？接受过程包括信息在无机环境中传递和机体接受信息，信息在机体内的传导等过程。以听觉产生为例，机体接受过程分感受器兴奋、听觉产生。从信息传递的概念看，感受器兴奋应当视为信息传递的结束。另外，听觉产生也可以属于改变，也包含接受过程。因此分为接受过程、发生改变不妥。

通过以上分析，师生共同建立信息传递的模型，即所有的信息传递都分为信息源、信道、信息受体三部分。

建立模型是帮助我们更好地认识问题的本质，更好地解决问题。如板栗上的刺和苍耳果实上的刺都是物理信息吗？后者不是，因为它没有信息受体。

信息传递中什么是双向传导？两个机体彼此都存在感受对方的信息受体。无机环境与生物之间是否存在双向传递？不存在，因为无机环境不存在信息受体。

如果以模型思维来分析，以上学生难以理解的问题，立刻迎刃而解。

3. 等待认知冲突产生时机

在学习能量传递意义后，可以让学生思考：施农家肥能否提高能量利用率？学生不能认清农家肥可产生无机盐来促进植物光合作用的过程，对提高能量利用率自然产生困惑。

学习能量传递后，可以让学生思考：能否提高能量传递效率？在两个营养级的两种生物之间传递效率在10%～20%之间波动吗？如果不能理解能量传递的测量、计算原理，理解要先测量出摄入量、粪便量，计算两者的差值。而每种动物的摄入量、消化、吸收效率都是由生理因素决定的，在一个种群是恒定不变的。

这是一个好的问题设计契机，那么是放在学习中，还是放在学习后？如果放在学习中，显得挖掘过深，反而干扰学生对能量流动的整体认识，因此放在能量流动一节学习后讨论，效果会更好。

二、问题链的设计方法

1.分析学习任务确立学习流程

如"神经调节的基本方式"一节，学习任务是掌握反射的概念与反射弧的组成，难点是感受器和效应器的概念。

依据学习任务可确立学习分为三个流程：一是以缩手反射、膝跳反射解剖图，分析归纳出反射弧的组成；二是分辨传出神经与传入神经的区别；三是分析感受器、效应器的功能，推导其结构。

2.根据每个流程设计学习问题

如流程一可设计出问题：①请同学观察缩手反射、膝跳反射解剖图，说出反射弧的组成；②画出反射弧信息传递流程图；③说出两个反射弧的不同。

这些问题的设计依据有三。

设计依据一：符合学生认知水平。初中已经学习过反射和反射弧，如果问题改为说出反射弧的组成，属于识记水平，对高中学生来说难度偏小。如果问题设计为观察两个反射弧，任务含比较、总结，难度增加，符合学生年龄和认知水平。

设计依据二：问题由易到难。问题②属于模型建构，需抽象概括能力，难度比①大。问题③是两个反射弧的不同，即膝跳反射无中间神经元，对观察力要求高，难度大。按从易到难原则，问题③应在①②之后。

设计依据三：问题间的逻辑关系。①和②为建立概念过程，③为对概念外延的再认知，最终确定问题链的顺序为①②③。

同理，流程二可设计出问题：④怎样分辨传入神经与传出神经；⑤感受器的功能是什么；⑥效应器的功能是什么。

问题④培养学生发散思维。需要学生学会比较，找出区别：a.传入神经元的细胞核在脊髓之外。b.传出神经只有一个长轴突。c.传出神经连接肌肉或腺体。d.从突起分析：传出只有一个从脊髓发出的长突起，应该是轴突，具传出功能，属传出神经。

问题⑤⑥的目标是培养学生运用生命观念，辨析功能与结构的关系，更好掌握概念。可讨论感受器的功能是产生兴奋，其结构是否属于传入神经元末端的一部分。属于传入神经吗？不属于，因神经内的神经纤维，不能等同于神经。而反射最终是通过反射弧产生一个反应，所以效应器除了传出神经末梢外，还包括其支配的肌肉或腺体。

3.确保问题链顺畅的方法

（1）为学生表达做好铺垫。学生在回答问题①时，需要用到反射弧的概念，因此应先介绍反射弧的概念。讨论问题③时，要使用概念"兴奋"，所以兴奋的概念学习应在问题③之前。

（2）依系统性原则确定某一问题在问题链中的位置。如在教学中我们还可以设计问题：⑦两个反射哪个所需时间更短？这是一次发散思维训练。从神经元数目看：膝跳反射更少，但还应考虑反射弧长度、刺激强度、兴奋传导速率等。这个问题也可放在问题③比较两个反射不同之后，但学生对反射弧结构的认知尚未深刻，插入这样的发散思维训练，会干扰学生对反射弧认知的完整性。同时，发散思维是一种非逻辑思维，放在逻辑思维训练之后，才更恰当，因此放在问题链的末端更合理。

4.选择恰当的时机设计问题链

在"脑的高级神经活动"一节学习中，可设计问题：①非条件反射与条件反射的主要区别是什么？②怎样建立条件反射？这些问题的解决对学生思维的要求不高。于是我们可以设计问题：③条件反射建立的意义是什么？④

条件反射消退机制讨论：此时条件刺激变为无关刺激还是抑制刺激？

如果只有问题①②，学生的思维只停留在理解层次，问题③能很好培养生命适应环境的观念，因为非条件反射只有直接接触某个刺激（食物或伤害）才能做出趋利避害。而条件反射的无关刺激可以是遥远的视觉、听觉、嗅觉刺激，形成条件反射后，可对遥远处的条件刺激产生趋利避害，能更好地适应环境。问题④能很好地培养学生解决问题的能力。怎样证明消退后的铃声不是无关刺激而是抑制性刺激？可以重新以铃声建立条件反射，观察所需时间与第一次建立所需时间是否有差异。若第二次所需时间明显变长，则铃声已变为抑制性刺激。

不难看出问题③④都立足于学生疑惑难点处，又属于学生"最近发展区"，此处正是设计出学习问题的契机。

三、将问题和问题链落实成对话

如"神经冲动的传递"一节教学，在学习神经元、兴奋传导之后，可以将突触的学习设计成以下教学对话：

轴突的末梢有膨大，称突触小体。突触小体与下一个神经细胞膜连接结构称突触。突触分突触前膜、突触后膜及两者之间的突触间隙。

问题①：突触前膜、突触后膜对应的神经元细胞膜有何不同？答：突触前膜为轴突细胞膜，突触后膜为下个神经元树突或细胞体的细胞膜。设置该问题的目标：强调两者都是细胞膜的一部分，从神经元信息传递理解突触结构。

问题②：突触前膜释放递质作用于突触后膜，是如何作用的？答：与受体结合。设置目标：通过细胞膜信息交流功能进行科学预测。

问题③：递质与受体特异性结合后，怎样使突触后膜兴奋？答：打开了突触后膜的钠离子通道。设置目标：通过神经兴奋的产生进行联想。

问题④：递质会不会使突触后膜抑制？答：可以，因为高级神经中枢可以抑制低级神经中枢。设置目标：通过神经中枢间影响，理解突触后膜抑制也是一种信息传递，从而理解神经兴奋传递对突触后膜（下一个神经元及部分效应器细胞）的结果有兴奋和抑制两种。让学生理解使下一个细胞兴奋或抑制是神经调节的基本原理。

四、怎样设计指向大概念的好问题链

1.好问题链无所不在

如关于菌种保存的内容在教材介绍"常用细菌接种方法"一节的末尾，往往被师生忽略，而"低温下甘油管藏菌种的原理是什么"就是个好的问题。学生已有细胞知识：自由水减少，代谢水平下降；与学生生活体验联系：怎样保存蔬菜水果种子？甘油护肤的原理是什么？这一问题的解决，不仅使学生了解菌种保存的知识，更重要的是能使学生知道微生物细胞与植物细胞代谢原理是一致的，对生命的统一性有更深刻的认识，对生物具有共同起源的进化思想有更深刻的认同，从而在认知中建立进化观这一指向生命观念这一大概念。

2.好问题链来自教学中的疑问和学习中的反思

如在"腐乳的制作"一节，最初对教材"酒精浓度高了腐熟时间变长"产生疑问。这一疑问的答案与酶的失活有关，其中酒精使蛋白质变性、酒精消毒都是学生已有知识。判断毛霉在腐熟过程是否死亡，涉及毛霉的代谢类型为异养需氧型的知识，而瓶中为厌氧环境。那么酒精、盐、香辛料能杀菌但能杀死毛霉吗？这里既涉及原有知识（代谢类型），又涉及生命观念，即毛霉和杂菌细胞结构相似，代谢原理一致。经过问题链的引导，上述问题迎刃而解。腐乳制作本身就来自学生生活，恰好能解决一个认知冲突，一个好问题链才能诞生。

学完腐乳制作，有位男生做了腐乳。结果毛霉生长不好，也有了异味。按查找的资料，他对腌制进行改进：加卤汤后用厚厚的油层封瓶口。引导学生思考：毛霉生长失败的原因是什么？时值夏天，气温高，不适于毛霉生长，此时更适合细菌生长，故有异味。和学生一起讨论：封瓶口的油层要很厚吗？油层封口的目的是隔绝空气，而教材介绍的方法是用卤汤隔绝空气，因此油层不需太厚。

这种类似项目学习中的基本问题，能很好达成大概念的理解，并提高探究能力。

3.好问题链来自教师的创新思维

在介绍完微生物营养成分后，为更好地联系学生知识结构，认识生命结构具统一性的特征，教师提出一个出乎意料的问题，微生物有必需氨基酸吗？学生一下愣住了。因为解决这一问题先要弄清必需氨基酸的概念，同时要分清培养基中氮源的类型，还要运用新学的概念进行答题。经过反复斟酌，学生得出答案：在以无机氮为唯一氮源的培养基上生长的微生物，没有必需氨基酸。这种创造性思维的魔力，让每一个人的脸上露出满意的笑容。

4.好问题链基于教材，答案可以不在教材

如在"土壤中分解尿素的细菌的分离与计数"一节，可提出下面一串问题。

（1）自然界是否存在分解尿素的细菌？从氮循环看，由于自然界哺乳动物不断从尿液排出尿素，应该存在分解尿素的细菌。

（2）分解尿素的细菌在什么样的土壤中？有回答牛羊圈旁的土壤中，有回答远离人类影响的森林里，有回答含动物尿液的牛羊圈，有回答植物生长良好的场所。最后确定答案为：经常用尿液浇灌的菜地土壤里，蔬菜生长良好说明发生了尿素分解。

（3）怎样从菜地土壤中提取出分解尿素的细菌？用土壤制成土壤浸出液，接种到培养基上。

接着讨论这样的培养基长出来的菌落是一种还是多种？怎样使培养基上只长出分解尿素细菌的菌落？需要一种以尿素为唯一氮源的选择培养基。

如此源于教材，问题却指向发散，需要学生运用概念，分析问题，综合判断。而解决问题过程又始终紧扣生物与环境相适应的大概念，这才是最好的大概念学习。

教学是建立基本概念与培养科学素养的和谐过程

"孟德尔的豌豆杂交实验（一）"一节是学生接触经典遗传学的开篇，这一节课一直是教学的一道坎，怎样使学生产生兴趣很重要。

一、现在的处理

流程大致如下：

（1）先说性状、相对性状，再说具有某种类型相对性状的品种。

（2）杂交：用不同品种（如豌豆红花与白花）人工传粉，请学生设计并说出实验程序。

（3）让学生了解不同品种杂交过程：确定父本、母本，如红花品种作父本，白花品种作母本。对母本去雄、套袋；取父本花粉，对母本授粉后再套袋。写出（解释）杂交图解的符号（亲本、父本、母本、子一代、杂交、自交等）。

（4）介绍孟德尔时代信奉的融合遗传，再介绍一对相对性状杂交实验。

当孟德尔看到F_1性状时怎么想？当他看到F_2性状分离时又怎么想？当他看到性状分离比时又怎么想？先震惊了，又震惊了，最后惊呆了！如果你是一百多年前的孟德尔，下面该怎么办？下节课我们来看孟德尔是怎么做的。

（5）试图解释产生这一现象的原因，这就是提出假说。遗传因子决定生物的性状，遗传因子分显性、隐性，彼此不融合。遗传因子在体细胞中成对存在，其中 DD、dd 这样由相同遗传因子组成的个体称纯合子，Dd 这样由不同的遗传因子组成的个体称杂合子。孟德尔获得了成功，与选择豌豆作为实验材料有重要关系。一是豌豆相对性状易于区分，这样便于准确统计实验结果；二是豌豆是闭花传粉（在自然界极其少见），自然状况下都是纯合子。试想如果缺少这两个条件，特别是第二个条件，孟德尔的杂交亲本高茎有纯合、杂合两种，F_1 有两种可能，孟德尔一定会被弄糊涂了，很可能最终放弃实验。机会总是留给有准备的人！遗传因子在生殖细胞中单个存在，生物体形成配子时，体细胞中成对的遗传因子要分离，分别进入不同配子。Dd 产生两种配子：D、d（比例为 1/2）。受精时雌雄配子结合是随机的，如杂合子 Dd 的子代，有四种组合，各占 1/4。

（6）验证假设：设计了测交实验，即用 F_1 与隐性纯合子杂交。先假定假说正确，演绎出测交结果。由于 F_1 是杂合子，按假说（成对的遗传因子彼此分离，分别进入不同的配子中）产生两种配子 D、d，与隐性性状产生的配子 d 随机结合，产生了两种测交后代 Dd 和 dd，比例为 $1 : 1$。做出测交实验结果，高茎：矮茎=87：79，符合 $1 : 1$。实际结果与理论预测相符，假说正确。

当然，一次演绎法得出的结论有偶然性，但孟德尔做了七对相对性状的实验，结果都是如此，这就是一个重复和归纳过程，假说正确性不容置疑。

二、以前的处理

1.二十年前的处理

记得二十年前设计这节课时，在说明融合遗传后，我就直接介绍孟德尔的杂交实验和假说演绎法，遇到遗传学概念就随时补充，结果杂交实验、假说演绎法被处理得支离破碎，根本原因是课堂的重心过于关注遗传学基本概念。

2.十年前的处理

十年前，心里执着于培养学生的科学思维、科学方法，我先把一堆遗传学概念介绍给学生，然后介绍孟德尔的杂交实验和假说演绎法，感觉效果好多了。现在看来还有明显不足：概念的呈现过于直接，假说—演绎法介绍过于生硬；两个目标达成过程相互独立，未形成相互促进。

而现在的处理是一种夹叙夹议模式，叙述的主线是杂交实验和假说演绎法，议论部分是遗传学概念，刚好对课堂结论主线作了必要的补充。把植物杂交实验、融合遗传、豌豆特点、杂交和自交概念都无痕融入，达成最好的流畅性。

以前的处理造成不和谐的原因，不仅因为我们教材处理不当，更多来自我们刻意追求科学素养的设计。

三、不和谐还可能来自教师刻意设计

在上过"孟德尔的豌豆杂交实验（一）"的基础上，"豌豆杂交实验（二）"怎么上？如果是按教材安排，按孟德尔研究的顺序，一切自然而然。可有的教师认为这样上公开课肯定不行，太简单了！需要添加一些环节，使其更加丰富多彩一些。于是添加了三个活动：

1.杂交育种实验设计

在导入时，添加一个杂交育种的设计，请学生设计怎样选育生长快、产奶多的奶牛，以期凸显本节自由组合定律在育种中的重要意义。

2.讨论F_1产生配子类型

在介绍孟德尔假说之前，让学生讨论F_1产生配子类型。设计一个活动：由学生写出F_1产生的配子类型。学生可能产生三种错误：①决定同一性状的遗传因子未分离（如Yy配子）；②配子中只有一个遗传因子如Y配子；③花大量时间讨论上述这两种配子的错误之处。

3.加入遗传图解训练

在解释两对相对性状杂交实验、演绎测交实验结果时，要求学生写出遗传图解，培养学生以符号进行运算、推理的能力。

这样一一加码后，整节课内容很满。直到下课的前一分钟，学习任务才匆忙完成。但是，这样添加后，学习效果如何呢？

首先，杂交实验设计草草结束。由于学生未掌握自由组合定律，加之不是所有相对性状都符合自由组合定律，学生无法深入讨论。看似一个探究性质的学习任务，实际只是作为新课的引言过渡。

其次，探究 F_1 产生配子的类型，由于书写亲代 YYRR 产生 YR 配子时已默认其产生规律，所以难度并不能达到探究的高度，其教学价值也打了折扣。

最后，学生对遗传图解还停留在初步了解阶段，还不能很好运用，处处让学生写出遗传图解，则他们肯定不能正确书写。这样要么产生错误的写法而不能意识到，要么意识到错误从而产生挫败感，对新课学习带来负面影响。

如果重新检视教学目标，本节课最重要的目标应该是假说—演绎法。让学生尝试应用这一重要方法，为他们在今后的学习与探究中运用打下坚实的基础。而这样一系列加塞之后，这一科学方法的呈现变得断断续续、支离破碎，在学生记忆中刚刚建立的印象又变得模糊不清了。这就不难理解即使到了高三，仍然有学生不能掌握假说—演绎法逻辑关系。

由此看出，我们往往为了创新精心添加的几个所谓的探究，其实是名不符实的累赘。从教学目标看，是"捡了芝麻丢了西瓜"的过程。

这种情况怎样避免？在备误中首先要博采众长地收集素材，来充实教学设计；其次在准备的众多教学活动中，更需要博观之后选取的过程。前者是为课堂教学做加法，后者是为误堂教学做减法。一节课设计的关键在哪？年轻时以为主要是看备课时"加法"环节做得是否到位。成熟时才明白，关键是看"减法"做得好不好，需回望课堂的主要教学目标，并思考怎样直接而简洁地达成这些目标。这才能做到不做刻意设计，才能达成建立科学概念与培养科学素养的和谐。

准备一节有境界的公开课

佐藤学先生曾经数度考查"对教师的成长最有效的要素是什么？"从调查的结果来看，第一位是"自己对教学的反思"，而反思最多的课就是公开课。由此不难得出一个结论，上公开课是教师成长的必由之路。当然，上公开课是一个获得成功的过程，这样才会在成长中，使之成为一个正反馈。反之，如果一个教师辛苦地准备了一节公开课，却得不到同行的认可，那对他的教学信心是一个极大的打击。那么怎样才能上好一节公开课呢？除了教师准备时需全力以赴之外，还有准备过程中的一些基本原则至关重要。

一、公开课的准备

1.选题

选题的依据来自公开课的目标。公开课的目标是为了展示教师讲述、组织讨论、引导探究等多样的教学能力，实现对学生能力的多方面培养。"巧妇难为无米之炊"，只有教学内容的难度存在由浅入深的变化时，才有可能实现教学方法的多样。所以我们在进行公开课时，上课之前的选题至关重要。我们可选择某一结构的不同认知层次，如细胞核的结构、功能；也可选择某一原理认识过程的几个阶段，如光合作用的现象、光反应过程、暗反应过程；也可选择认识某一原理（或规律）的感知、理解、运用过程，如能量传递规律的认识与应用。这些教学内容都有一个共同点，即呈现方式为线状，便于实现教学能力递进式的发展。反之，如果教学内容呈现方式为点状（如细胞中的糖类和脂质）、辐射状（如种群数量特征），就难以实现教学能力递进式的展现。

按照这样的标准，在公开课的形式选择中，实验课、复习课、习题课往往不宜作为首选。有一位教师以生长素的功能为题，将有关内容设置一系列探究，虽然可以培养学生的探究能力，但从内容看有小题大做之嫌，从形式看有习题课之嫌，而且综合来看，教学目标也显得单调。

另外，不同的教学内容，在教学处理上的难度是不同的，因此我们在选择公开课课题时首先必须慎重考虑自己的驾驭能力。如果你是一位年轻的教学新手，又是第一次上公开课，那么你要选择的课题难度相对要较小。如果你是一位成熟的教师，想要更好地展示自己的教学水准，那么应该选择一节难度较大的课题。较难的课题，教师发挥创意的空间更大，失败的风险也更大。例如，选择性必修2中"种群的数量特征"与"种群的数量变化"，这两节课的难度明显不同。

2.准备

公开课的准备是一个漫长的过程。按成熟程度可分三个阶段。

阶段一：撰写教学方案蓝本。采用文献研究，全面调查本节教学现有的研究成果，列出所有的科学事实、学生活动，结合自己的教学优势，确立自己教学的初步方案。

阶段二：确立最终教学方案。教学方案蓝本以全面为目标，自然会有杂乱的缺点。各种教学活动的思路有差异，教学活动完成的难易不同，各个教学环节孰轻孰重，谁先谁后需要取舍。如果蓝本的准备是一个旨在做加法的过程，那最终方案则是在按"1+1大于2"的系统性原理去做减法，根据完成教学目标的宗旨，构思一个最优教学方案。

阶段三：试讲。所有的设想是否合理，都需试讲来检验。依据试讲中自己发现的问题，还有同事的建议，确定最终的授课方案。

但无论哪个阶段，他人的意见和建议只是参考，方案的每个细节都应由自己决定。

3.公开课的三重境界

怎样才能算完成了公开课教学任务？我们先要明白好的公开课标准。这个标准也是仁者见仁，智者见智，但我认为成功的公开课大约有三重境界。一是完成基本的概念、模型建构，掌握基本规律，这是一节课的首要教学目标。二是学生的能力、学科素养、社会责任得到有效培养。三是主要教学目标得到高效完成。因此，先将学习过程分几个板块，再将每个板块分几个环节，板块与环节都以逻辑关系相连的问题串联，这样整节课的效率就会较高。

高效的学习表现在教学环节的环环相扣，但如果不时地出现习题演练，必然打乱学习的最佳节奏。同时，先前设定一份固定的学案，肯定也限制了课堂教学的生成性。因此，具有创造性的教学活动设计是达成高效的必要条件。

二、提高教学效率的活动设计

如果一节课按部就班地完成了各项教学目标，只能说这是一节合格的课。一节好课最重要的标志是创造性达成教学目标，特别是重点的达成与难点的突破。一个巧妙的教学活动，对突破学习难点，达成学习目标，有事半功倍的效果，同时也是一节公开课成败的关键。但活动的设计却是一个极具挑战性的工作，设计得好则会巧夺天工，设计得不好则会弄巧成拙。作为教师个体的创造性成果，教学活动设计容易存在诸多问题。

因为教学活动呈现过程需占用一定的时间，其教育教学功能达成越多，教育教学价值越高，单位时间内的学习效率越高，所以提高活动的学习效率，应该是设计一个教学活动的根本原则。

1.设计原理符合认知规律

如在"生态系统的能量流动"一节教学中，如何在开始上课就抛出一个问题，以引起学生对能量流动的思考。一位教师从计算一亩水稻一年光合作用产量入手，引入能量输入的概念，进而步步深入，则研究能量流动的概念水到渠成。另一位教师则请学生思考：一个人在孤岛上只有鸡、玉米，如果想活得更久，应该先吃鸡还是先吃玉米？这要根据食物链变长，传递到人的能量更少的知识来解答。解决这一问题需要对能量流动的概念有完整认识，可是在新课开始前，学生尚未认知能量流动，所以这一设计明显违背了认识应由局部到整体的规律，学生自然很难完成。

有位教师在"细胞的增殖"一节的教学中，在学生尚未学习有丝分裂各期特点时，先要求学生在纸板上，用彩色毛线代表染色体，去构建染色体变化模型。这样的教学设计是否合理？学生对于某一知识的认知过程，需先由识记层次，再到理解，再到掌握（运用）。模型建构属运用水平的更高教学目标，是人类认识事物更高的阶段。正确做法应该先识记、理解各个时期特点，再依据这些特点，构建各期细胞模型。显然，这样的教学活动设计虽看似新颖，但颠倒了构建概念模型与构建物理模型的顺序，让学生对概念未理解就应用，自然不可能达成教学目标。

2.结构设计符合整体性

加涅认为，"教学设计是一个系统化规划教学系统的过程"。系统整体性原理指出，整体不等于部分的总和，如果使系统的有序性增强，就能实现整体功能大于部分的总和。增强教学过程的有序性，便是教学活动设计的重要原则。

（1）有利于增强一节课的教学整体性。每节课是一个系统，只有使各个教学活动安排得更加有序，才能提高其整体性功能。如"生态系统的信息传递"一节，学习任务主要是认识信息的种类及信息传递的三个意义。一位教师认为这样的过程过于平淡，于是在介绍信息传递调节种群繁衍时，以雌蚕蛾吸引异性为例，加入一个学习任务，要求学生实验设计：探究实验：雌蚕蛾吸引异性的信息属于哪一类？行为信息、物理信息与化学信息之间的不同特性是什么？这使实验难度加大，导致这个探究实验耗时很长，学生思维活动量巨大。本来信息传递三个意义刚好对应个体——种群——种间（群落），是一个作用对象逐渐增大的整体。这个探究实验即便培养了学生解决问题的能力，但也会淡化学生对信息传递意义的整体性认识，从系统的整体性看，是得不偿失的安排。如果把上述探究难度变小，并把探究时间放在信息类型学习之后，整节课教学设计的有序性就大大增强了。

（2）要有利于增强高中阶段教学的整体性。三年的高中教学是一个有机系统，各知识点的有序呈现，目的便是增强其整体性的功能。有的教师为了突破某个难点，常常临时打乱编者的精心安排。如有位教师在必修1的"细胞的分化"一节教学中，为解释胰岛B细胞、肌细胞能分别产生胰岛素、肌动蛋白，花了大量时间补充了基因是DNA片段，能编码蛋白的知识，而这些都是后面必修2的内容，提前教学不符合整体性原则。如果只补充两种细胞中存在的基因种类（相同）、蛋白种类（不同），也能突破细胞分化的实质——基因选择性表达，而且这样安排没打乱知识点的有序性，应该是一种更好的教学设计。

（3）活动环节的前后顺序要符合整体性。在遗传学发展史中，融合遗传是一个人们认识遗传现象的重要阶段，孟德尔的重要贡献便是通过豌豆杂交实验否定了这一假说。但在"孟德尔的豌豆杂交实验（一）"中何时介绍这一假说？很多教师把它放在新课开始。如果这样就需等介绍完孟德尔生平、豌豆作为实验材料优点、杂交实验，然后才能提问：实验结果是否支持融合？显然此时学生脑海中的融合遗传的概念早已模糊。如果在介绍到高茎和矮茎杂交后代全为高茎时，再介绍这一假说后问：F_1不是不高不矮，这一结果与融合遗传相符吗？等介绍完F_2中又出现矮茎时，再问说明决定矮茎的遗传因子消失了吗？融合了吗？这样效果可能更好。

3.功能设计具多样性

（1）充分发掘活动教学价值。同样是利用扑克牌来类比染色体组，有的教师直接出示一组13张同色扑克，告诉学生这代表一个染色体组；有的教师则把26张扑克的分组任务交给学生，出现按数字、花色两种结果，再讨论后一种结果，引出染色体组的概念。显然，第二位教师对26张扑克分组活动设计更丰富，活动的教学功能利用更充分。还是同样用26张扑克，第三位教师的创意是学习染色体组定义之后，出示13张红桃后，增、减其中的1张，问这能代表一个染色体组吗？如果将其中一张换成相同数字的黑桃呢？通过对概念外延的充分讨论，学生对染色体组概念的认识将变得更加充分。相较而言，第三位教师对同一教具（扑克牌）的教学价值发掘得更好。

（2）更关注教学活动的教育价值。教学活动设计不仅关注其教学价值，还应注重发掘其对培养学生生命情感、生命观念的教育价值。如在"种群基因组成的变化与物种的形成"一节中，学习基因频率之后，有一个关于种群基因频率变化的探究。有的教师只把它当作学习"哈迪—温伯格"平衡公式，有的教师把它上升为建立数学模型的学习，还有的教师把它当作建立模型探究自然界种群基因频率总在变化的过程。同样教学的活动，不同教师对其教学价值的发掘能力各有千秋，但只有第三种设计中，教师关注了活动的教育价值。

综上所述，教学活动设计是遵循教学规律的创造性劳动，既需要创新思维的灵感，又需要教学能力的积淀。同时，也是教师培养教学智慧、提升教学能力的最好契机。

三、真实学习

1.真实的学习目标

在公开课比赛中，为培养学生的社会责任感，很多教师都选择了江豚这种会笑的动物。至于为什么要保护江豚，教师给出的依据各不相同。有的说是由于江豚的可爱，有的说是因为江豚在长江历史悠久，有的说是因为它生活在母亲河长江中。这些依据都不够真实。难道不可爱的动物、不古老的动物、不是生活在长江的动物？不是古老的动物就不需要保护了吗？实际上保护江豚是保护生物多样性的需要。显然保护江豚只是这些教师拿来点缀课堂的。如果学生面对一个如此苍白的教学环节，很难想象能进入真实学习的情境。

2.真实的学习过程

学生在利用模型拼接DNA单链、双链时，有的教师只展示拼接正确的结果，而有些教师则关注有哪些小组拼接出现了问题。如一位教师关注到学生拼出的DNA双链中，有的两条单链是反向的，有的是同向的，便问DNA到底是哪一种？再分发给学生有空间结构的脱氧核苷酸，再次按同向、反向分别拼接，结果只有后者才能拼成螺旋。显然这种教学过程更加真实，由此产生的教学效果更好。

又如样方计数过程，有的教师直接告诉学生在样方的边缘和顶角怎么计数，而有的教师则是先叫不同小组对同一个样方进行计数，由计数的结果不同来分析产生不同的原因，从而和大家一起讨论对样方边缘和顶角的植物怎么计数才科学。同样后者的教学处理更符合学习的真实过程，即试错学习，学生对样方边缘和顶角计数的规则的印象会更深刻。

3.真实的评价

在公开课中，我们很希望学生配合得天衣无缝，但真正的天衣无缝，一定是学生会出错，教师善于捕捉过错，师生一起讨论过错、解决过错，这才是真实的课堂。真实的课堂绝不是学生异口同声地回答一个个标准答案。因此，真实的课堂，教师的评价也绝对不全是"好""很好"，不是课堂上掌声时刻响起。高效率的真实学习，便是一节好课。若还能关注学生生命观念的培养，便是一节境界更高的好课。

■ "生态系统的能量流动"一节的教学设计示例

一、教材分析与设计思想

本节课涉及的是生态学可进行定量研究的知识模块，其中生态系统能量流动的过程是培养和考查学生能力的好材料。本节课的核心知识目标是掌握生态系统能量流动的过程，教师若只是照本宣科讲解或让学生阅读，再通过教师的讲解，学生很难达到掌握的层次。究其原因，是学生对生态学中研究能量流动的方法和过程过于陌生。为此，本节课的设计思想是通过简单的能量流动实例，引导探究、讨论，让学生了解研究能量流动的一般过程，以能量流动的研究过程作为能力目标的载体，培养学生发现、分析、解决问题的能力。同时，以能量流动的研究过程为契机，培养学生研究生态学的兴趣和热爱自然的情感。在能力、情感目标的相互作用和共同促进下达成本节课的核心知识目标——掌握生态系统能量流动的过程。

二、教学过程

本节课教学要达成的目标众多，因此把过程分成以下4个单元。

（一）导入课题

1.教学过程

展示农田生态系统的图片。我们先来讨论一个身边的问题：人们常说一顿不吃饿得慌。

问题1：我们为什么要吃米饭？（要获取营养和能量）

问题2：我们到底怎样获取能量？（不是水、无机盐，而是能源物质：糖类、脂类、蛋白质等有机物）

注意：热量能否从水稻传入人体？不能，因为热量一旦产生，便时刻会从生物体内散失到无机环境中。

我们总结如下：

水稻 $\xrightarrow{\text{能量（有机物）}}$ 人，谚语反映的现象中常常蕴藏着科学道理。

2.设计说明

由于学生对能量流动的研究过程极其生疏，我们把最简单的农田生态系统作为研究目标，选择其中与学生生活密切相关的两种生物（人与水稻）间的能量流动为研究对象，并为进行能量流动的研究做好知识和方法上的铺垫。

（二）共同讨论

1.教学过程

问题3：假设这是一个只有人和水稻的农田生态系统，一亩水稻每年有多少的能量传递到人呢？请大家讨论后给出解决问题的原理和方法。

原理：水稻主要通过大米中的有机物将能量传递给人。

方法：先测出一亩水稻一年的大米产量，再测出其中有机物总量（干重）；再测出人食用这些米饭消化后，吸收的有机物量A（可以用公式：同化量=摄入量-粪便量）。A（再将有机物量转化为能量值J也可以）就是我们要求的答案。

问题4：同样是上述问题，怎样测定一亩水稻每年的能量传递到人的比例？请大家讨论后给出解决问题的原理和方法。

原理：水稻的能量应是水稻有机物的总量，再将上题所得的A与总量相比，即为一亩水稻每年的能量传递到人的比例。

方法：测出一亩水稻每年传递到人体内的有机物量A，再测出一亩水稻每年的光合作用的有机物总量B（可用：有机物总量B=水稻的干重+水稻的呼吸消耗量C），A／B的比值即为所求比例。

注意：不可用水稻的干重来代替光合作用的有机物总量B。这是因为：前者不含水稻呼吸消耗的有机物量，故要比后者小很多；传递到人的有机物量包含了人的呼吸消耗量，二者不一致。

总结：光合作用的有机物总量B也叫水稻的同化量，是输入农田生态系统的总能量。呼吸作用分解的有机物的量C，是水稻所不能再传递的能量，叫能量的散失。

2.设计说明

研究能量流动的难点有三：①明确能量流动的载体是有机物；②不能分清种群或营养级的取食量、同化量、呼吸量、干重的区别与联系；③明确相邻营养级（种群）的能量传递比例是它们的同化量之比。由于这一单元的难点较多，且本单元也是理解本节课核心知识的关键，因此采用学生之间、师生之间的讨论方式来完成。本单元的基本学习目标是学会对某一营养级的能量流动进行分析，为下一单元的多个营养级的能量流动分析做准备。

（三）大家动手

1.教学过程

请大家以图1的方式表示水稻的能量如何传递到人。

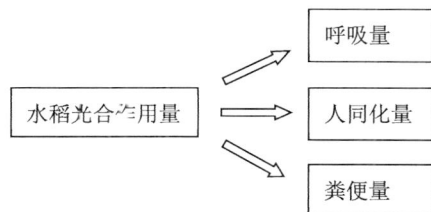

图1　水稻能量的传递

问题5：假如这个农田生态系统中还有杂草、蝗虫、田鼠等，图1应怎样修改？这个生态系统还一定少不了其他生物分解者，图1又应怎样修改？

思考：用于人生长发育的能量有哪些？（同化量－呼吸量）

总结：这是一个生态系统能量流动过程示意图，如图2所示。主要包括生态系统中能量输入、传递和散失。其中，能量的输入是指生产者光合作用合成有机物（总量）；能量的散失是指生产者、消费者、分解者呼吸消耗的有机物量（准确地说是呼吸中以热量形式散失的能量）。输入的能量减去散失的能量就是在生态系统内传递的能量。

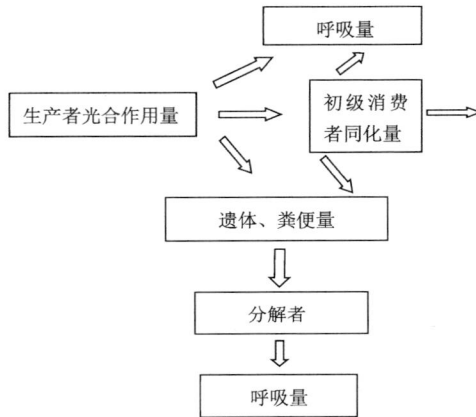

图2　生态系统能量流动

问题6：如果在一个具有次级消费者的森林生态系统中，上述能量流动过程图又该怎样修改？能量流动如图3所示。

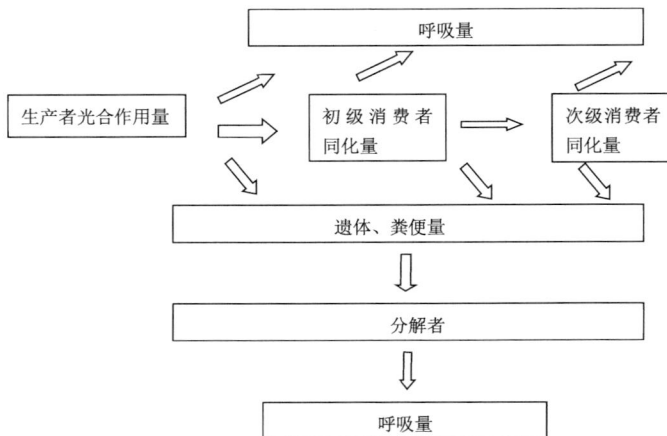

图3　增加次级消费者的能量流动

中国谚语说：大鱼吃小鱼，小鱼吃小虾。美国科学家林德曼开创了生态学系统能量转化效率的定量研究。

问题7：根据教材上湖泊能量流动过程示意图，①请计算从第一营养级流向第二营养级的能量占生产者固定能量的百分比。（62.5 / 464.6 × 100% = 13.5%）②从第二营养级流向第三营养级的能量占初级消费者同化能量的百分比。（12.6 / 62.8 × 100% = 20.0%）总结：在两个相邻营养级间的能量传递效率在10%～20%之间。③某营养级的能量能否流向较低营养级？不能，能量流动具有单向的特点。

能量流动特点：①单向；②逐级递减：上一个营养级传递到下一个营养级的只有10%～20%。

总结：能量不能100%流向下一个营养级的原因是自身的呼吸、未被食入、流向分解者。

2.设计说明

在分析清楚两种生物间的能量流动原理后，能否把学习的新知识，用最简洁的方式直观地表达出来？这是一个完成概念图的创建过程。学生应举一反三，将这一原理先应用到两个相邻营养级生产者和初级消费者之间，再将新知识应用于一个生态系统的各个营养级，再运用新知识解决一个新的问题——某营养级的能量为何不能百分之百流向下一个较高营养级？本单元的活动目的就是通过这一系列难度逐渐上升学习任务，来完成对新知识进行难度不断递增的建构，同时实现由表及里的层层强化，从而达到培养学生应用和表达新知识的能力、创造能力。在解决问题过程中，不知不觉地促成本节课能力目标的实现。同时，本单元也是本节课的中心环节。

（四）结论运用

1.教学过程

问题8：研究能量流动有何意义？调整能量流动的方向，使能量更多、更持久地流向对人更有利的部分。为何要强调持久？在保持生态系统稳定的前提下。

2.设计说明

本单元既可作为新知识运用的延续，又可作为"大家动手"活动的提高和升华。在本节课的结尾，先是呈现几只黑色牦牛正在广袤、宁静的草原上吃草的画面，继而画面上悄然浮现一句话：谨记，保护好身边的生态系统，是我们人类获得一切利益的前提。热闹的课堂一下子安静了，接着学生自发地响起一片掌声。就在这沉默又响起掌声的瞬间，同学们不仅知道了研究能量流动的意义，更知道了研究生态学的意义。

本节课通过8个问题串接，拆分成活动和风格都各不相同的4个单元来分别呈现，使整个学习过程井然有序，遵循科学研究由易到难的原则，很好地模拟了科学发现和应用的过程，使学生学习兴趣高涨，情绪饱满。另外，课件的运用，不仅很好地突破教学难点，完成了诸多目标，也为整个教学过程的紧凑展开提供了技术保障。

论文是教学创意邂逅教学理论的真实记录

一、我们为什么要写论文

先看一个教学设计片段。如果在"细胞增殖"一节教学中，教师先让学生自学，然后分组用橡皮泥制作物理模型。请问这样的教学设计片段是否合理？这种设计显然不合理，因为如果要制作模型，必须先建立概念模型。如果没有概念模型，那就不可能发挥抽象思维，从而建立一个物理模型。

教学中，大家常常会遇到感觉不合理，但是却说不出为什么不合理的情况。这就是大家的直觉，还没有达到理性的高度。没有理性的指引，教学只能是率性而为，而无法实现高效。

怎样达到理性的高度呢？这就需要借鉴前人的智慧，特别是教学理论，因为教学理论是从哲学的高度，方法论的角度给我们以启迪。如果我们以教师作为自己的终身职业，那就必须研读先贤的智慧，借鉴别人的经验。

积累了一定的教学理论后，又遇到解决教学问题的创新想法，这时就产生了教学研究的契机。如果你积累的理论与实践中问题刚好契合，能有效解决教学问题，这就是教学创意与理论的邂逅，把这一过程记录下来，呈现出来，最好的方式就是论文。

二、好论文的标准

1.选题观点

论文需选题观点要正确、有创新。题目要新颖，但不要用界定不清的概念，如有一位教师的论文题目就是"二次结论"。让人看得一头雾水。

2.论证过程

论文需论证严密，逻辑清晰，结构严谨，如利用校园实践基地采用分析法，培养生命观念，培养分四个方面：结构与功能观、进化与适应观、稳态与平衡观、物质与能量观。

3.论据选择

论文要论据充分，典型生动，支持观点，每段证据都支持小标题（分观点）、再支持总观点。

4. 论文价值

论文需解决实际问题，对教育工作有很强的指导意义，如好的教学设计。综述、质疑教材、教学法等内容的文章都应避免。

5.语言表述

论文还要语言流畅，条理清晰，表述准确。

三、怎样写论文

我们可以根据论文形成所需要的时间分成两类。

（一）应急型

应急型论文是指写一些习题解法、先进理论介绍、实验方法改进、高考试题分析、教学经验等内容的论文。

由于这样的论文要求相对简单，写作的人相对较多，需要你多写多读，及时关注学界动态，随时出击。但这样的论文写作很难有持续性，因此我们一般不推荐。

我是一个相对保守的人，对新的教学动态往往反应迟钝，因此很少写这样的论文，只有一篇关于原创试题命制的文章，那是我三次主持"江南十校"命题的心得。

（二）教学研究型

1. 选择一个教学困惑，提出解决方法

在我初登讲台的时候，生物课堂相对沉闷，教师在讲台上背教材，学生听得昏昏欲睡。因为教师讲的内容，学生完全可以自学。这样的教学有什么意义呢？除了死记硬背，考过就忘，学生没有任何的发展。我忽然想到了实验教学。于是我开设了教材上的所有实验，并且把与教材相关的大学实验都加进来。学生几乎每星期都有实验课，学生每次走进实验室时，都兴奋得像过节。如此一来，如何进行实验以及如何提高实验教学课堂效率成了我的研究目标。

1994年，受安徽省教科所委托，我把关于实验教学的思考写成一个报告，在全省教师面前宣读，受到了大家一致好评！那一年，我29岁。1995年，我把实验教学的相关内容总结成一篇论文，获得了省一等奖。

1997年，我又把培养实验教学技能的思考写成了一篇教学论文，发表于《生物学教学》。这是我第一次在核心期刊中发表论文，给了我极大的震动和鼓励。随后，又有三四篇与实验教学有关的论文发表于《生物学教学》。

我在实验教学这个领域进行了近十年的研究，可以算是深耕某一领域写出系列论文的一个成功案例。

2. 为实现一个教学理念设计一节课

从实际问题出发的问题串教学法。

以前高中生物学教材呈现的方式可读性和趣味性不强，思维的严密性也不够。怎样才能在提高教学有序性的同时又能培养学生多方面的能力呢？我想到通过一串问题来呈现教学内容，从而培养学生逻辑思维以及解决问题的能力。

经过几年的思考，我把自己的想法运用到一个教学案例中，这就是"生

态系统的能量流动"一节的教学。这节公开课受到了大家的一致好评，我把相关的思考写成了一篇论文，发表在《生物学通报》。

这是一篇杜威教学理论"做中学"的完整体现，发表以后受到了不少人关注。有山东读者问我，这种想法是从哪里来的？我告诉他是我自己悟出来的。

3. 论文是将教学反思综合

又如哈代—温伯格平衡定律与深度学习的实施。我们在学习伴性遗传的时候，为什么色盲的男性患者比例要远远高于女性？教材给出的答案是男性只要有一个致病基因就可以发病，而女性需要两个致病基因同时存在才发病。这个答案真的有道理吗？能否从哈代—温伯格平衡的角度来解释呢？显然是可以的。如果是伴×显性遗传呢？发病特点是否也可以由此推出呢？显然也是可以的。这样的思考片段一直积累着。许多年以后，又有一位同学问我为什么在男女群体中，伴×致病基因频率相等？这也是一个可以通过数学模型来解决的问题。如果我们把这些问题串联起来，是否就可以构成一个深度学习的范例？

对教学过程进行反思时，把几个事例升华成某个命题的几个要素，把一个疑问连成逐步深入的问题链，都可成论文。

4. 有论文思考的心态

其实没写成论文也无妨，因为有关的思考可以让我受益良多。怎样设置教学提问？怎样备好课？怎样培养探究能力？怎样体现生命教育？这些大问题我一直在思考，虽一直没有答案，没有写成论文，但仍一直在思考。

从这个角度看，没写成论文或者论文没有发表都无妨，有写论文意识才重要。至于写成发表的，有一两篇自己满意的就很好。

有不断研究写论文的意识，不断成长，才是目标。蒙田说："教育不是为了适应外界，而是为了自己内心的丰富。"这是他当年写给受教育者的，显然有些偏颇。但是，如果给现在的教育者却非常合适。为了内心的丰富，为了我们课堂的丰富多彩，何必去在意外界环境的纷繁多变。

如果你是一个不断创新的教师，就会有把自己创意保留下来的冲动，这就是写论文的意义。不断参悟，终有收获；念念不忘，终有回响。这就是教学生涯的修行！

怎么读教学专著

为什么要读教学专著？如果你不读，也许你会成为一个熟练的教书匠，但绝不会成为一个有教育思想的教育家。教学专著是我们创新的依据，如一位教师在教学样方法调查种群密度时，把学生带到校园内进行实地调查。这样的创新处理好不好？另外，我们会面对各种纷繁的教学理论，多得让我们炫目，让我们头晕，但是它的源头在哪里？答案就在经典的教学专著中。

一、来源

专著阅读最好根据自己的喜好自主选择，如对演绎法的疑问让我去读笛卡尔；怎样让学生提出探究问题？我去读库恩的《科学革命的结构》。也可以从自己感兴趣的文章的索引中或者参考文献中去寻找教学专著。

二、时间

阅读专著的最佳时间是寒暑假。因为专著不是美文，需静下心来咀嚼。

三、方法

1. 带着教学疑思去读

怎样培养学生的逻辑思维？这是理科教学的重要目标。杜威的《我们怎样思维》《民主主义与教育》是我反复读的书。带着教学疑思去读教学专著是我读完这些书之后总结出来的读书方法。

2. 为记录感悟而读

不指望通篇珠翠，偶得一二即可。读的最重要方式是动手：进行划线、批注、折页。划线是划出重点；批注是注入自己的理解；折页是提醒自己有疑惑之处，还需再读。

读到有所体悟处，一定要停下来，理清思绪，再以文字呈现出来，能写出感悟，才是读到有益的标志。

3. 意义

读专著是我们追溯事业本源的艰辛过程，也是我们从浮云遮眼到清晰认识本质的必要过程。所以，这是一个从被动到主动的过程，也注定是从艰涩到充满乐趣的过程。

试想如果十年之后，别人还在教学行为中迟疑迷茫，你却已经能够用教学理论指导自己的每一个教学行为，你一定会感谢自己多年教学理论的积累；二十年之后，你会达到一个别人无法企及的高度，你会感受到读教学专著的无穷乐趣。

四、心得记录两例

1. 读《普通教育学》关于教育与学生未来：最好的教育是现在与未来的调和

大多数教育过程都是本着爱心而来，按理都会使学生产生感激的，但回顾我见过的老师，效果却不尽相同。我见过一位小学老师，动辄撕碎学生的作业本，所有学生都怕。成绩是有提高，但是因为怕。有一位高中老师，教学认真。凡回答不上来问题者，一律罚站，临近下课时，学生基本都是站着的。以上两位老师教学成绩很好，但学生对他们是害怕，很少有感激。也许有个别人因他们的激烈措施成绩提高了，改变了命运，感激不尽，但一定已是多年以后。

我们在初登讲台时，也会常对某个学生说，你别现在怎么样，将来你会感谢我。说这话时，已是教育过程陷入僵局的无奈之语。我们教育需要的是学生何时的感激？多年以后，还是眼前？如果可以，当然是眼前更好。教育效果好，有利于后续教育发展，使教育效率高。要得到学生当前的感激，必然是一种心服口服的教育过程，而非简单粗暴！

简单粗暴的方式往往事与愿违。除去厨房瓷砖上的污垢有两种方法：一是用钢丝球擦，二是用洗涤剂、抹布去擦。哪一种效果好？前一种会导致瓷砖釉面被破坏，造成不可弥合的伤口，而后一种方式在不破坏瓷砖的前提下去除了污垢。同理，最好的教育方式大多只是和风细雨。

如果不能达到效果呢？那只能静待花开了。

2.读维果茨基《思维和言语》中关于概念和逻辑

根据心理学家阿赫的图式，概念的形成由目的过程形式而形成，这一目的的过程由若干对解决任务基本起工具作用的操作组成。简单地联想不能形成概念，因此熟记单词和与它相联系的物品本身并不能形成概念，必须向被试者提出不借助概念形成就不能解决的任务，再进行解决任务的操练，才能对单词建立概念。

忽然忆起自己的糟糕的英语学习过程。初中在读一所乡村初中，一位来农村的下放知青教我们英语。没学音标，只是用汉语注音，把教材上的一个个物品与某个读音相对应，每天下课就比较谁的中文注音更有趣。就这样学了三年，参加郊区英语竞赛还获了奖。但这种学习方法用到高中英语就没法学了，于是高考只考了8分。大学后，虽几次发奋，终未有明显收获。

英语学习，乃我终生梦魇。现在明白，初中的英语学习，只是建立了一堆物品与单词及读音的联系，未能建立任何概念，没有概念就无法建立概念系统。等到了需运用层次的高中英语阶段，不崩塌才怪呢！另外，作为语言，本为交流而存在，没有交流地背单词，没有用于解决问题，缺少语言学习的首要动机。

从以上两个方面看，我一生的英语学习，虽然一再发奋、努力，其实没找到学习语言的正确门径。

引以自豪的一次课题研究

课题研究是教师成长的一个重要方面。

课题研究有多种方法，其中我采取的是实验调查法：制作量表、进行问卷调查、统计分析结果。课题研究在学校实验员王茹芳老师、马鞍山第十三中学的王启兰老师、马鞍山第二十中学王莘校长的大力支持下，历时一年半完成，最后获毕业论文二等奖、省社会科学研究成果三等奖。

虽然实验调查法是最难的一种：选题难，实施难，周期长，但是在我看来，只有通过实验调查，才是最好的教学研究，而且也有一定的教学指导价值。虽然耗时费力，但是非常值得。现在想来依然觉得自豪，从此也深知课题研究的艰辛。

除去实验调查法，课题研究也可选择其他方法，但至少以真实的研究为目标，最好可以达到发表论文的水平，否则意义不大。由于自我制定的目标较高，加之时间有限，术业有专攻，因此较少做其他的课题研究，以至不能说出更多课题研究的妙处，只好将唯一自豪的课题报告《初中实验教学中学生主体性的影响因素》全文呈现。

一、选题目的

生物学是一门实验学科，实验教学在生物教学中一直处于滞后状态。关于实验教学的研究更是处于落后状态，特别是对实验教学进行定量的实验研究尤为鲜见。这种理论研究滞后的状态导致今天生物实验教学仍处于凭经验，靠感觉的阶段，有的甚至还处于放任自流状态。随着新教材中实验比例的大大增加，这种理论滞后对生物教学的影响会越来越大。

为改变这一现状，本实验拟从学生在实验中主体性的影响因素作为突破口，对生物实验教学中学生主体性进行定量研究，以期找出当前生物实验教学中存在的问题和可能的解决途径。

二、研究过程

（一）理论依据

主体性是人作为活动的主体而表现出的能动性，它集中体现为人的独立性、主动性、创造性。现代教育培养的人应该是有主体性的人，只有这样的人才能独立、积极地进行学习，以提高学习的效率。同时，在今后走出校门后也能积极、主动地参与社会生活，为社会进一步做出创造性的贡献。所以教育的基本功能是发展和提高学生的主体性，教育的本质是对学生主体性的培育过程。

可是从我们平时的观察发现，学生在生物实验教学中主体性水平明显不高，这是造成课堂混乱、学生动手能力弱和积极性不高的重要原因。

（二）量表的制订

本实验拟制订量表，对初中学生生物实验教学中主体性水平进行全面检测。量表的制订以独立性、主动性和创造性为三个主要检测目标，并结合实验教学的实际和检测的可行性，制订出权重有别的十二个子目标，每个子目标又分成主体性水平不等的选项，在调查后再将每项赋予不同的值，以便于统计分析。

（三）调查过程和结果

自2000年6月开始，选取马鞍山市的第二、第十三和第二十中学分别作为省重点中学、城市普通中学和郊区中学的代表，在每个学期生物实验教学结束时，分四次对初一、初二的学生进行t检测。一共收回问卷1 143份，再对问卷进行评分和统计。经过为期一年的实验，统计的调查结果如表1所示。

表1　被试的主体性调查得分（均分）

学校	第二十中学		第十三中学		第二中学	
一	女生	男生	女生	男生	女生	男生
初一上	36.73	36.02	38.11	39.36	40.59	40.8
初一下	36.53	36.25	37.9	39.55	38.9	40.15
初二上	34.37	34.4	38.42	38.3	38.31	38.52
初二下	36.15	37.49	37.54	40.33	38.24	38.13

三、实验结果分析

（一）男生和女生的主体性明显存在差异

从表1中的实验数据不难看出，男性的主体性得分中，除了郊区第二十中学的初一和初二之外，其他各组得分大都高于相对应的女生组。综合所有男女生的总成绩进行比较，结果差异极其显著，如表2所示。我们认为，造成表2结果的主要原因是：从平时的实验中观察可以发现，男生在动手能力方面明显优于女生，导致在实验兴趣和信心上也强于女生。这种在自我效能感上的差异必然导致对待实验积极性的差异，从而影响他们在实验中的主体性。

表2　男女生主体性比较

性别	女	男
均值	37.76	38.36

性别	女	男
Z值	3.74	
显著性	极其著着	

（二）初中阶段学生的主体性有明显的变化

实验数据显示，无论是省重点还是市区和郊区中学，初中生物实验教学中的主体性都呈现一致的变化趋势：初一时水平较高，其中初一上学期最高，之后在初一下学期和初二上学期逐渐下降，最后只在初二下学期略有回升，如表3所示，造成这种现象的原因有许多方面。

表3　初中阶段主体性变化的原因

学期	均值	Z值	显着程度
初一上	38.8.		
初一下	38.35	1.59	不显著
初二上	37.13	4.55	极其显著
初二下	37.94	9.43	极其显著

1.学生对生物实验的兴趣在下降

通过对第二中学学生的实验兴趣的调查显示：在初一时，认为生物实验不是其最感兴趣的人只有10%，而到了初一下、初二上和初二下时，这个比例分别是12.6%、25%和44.89%。尤其是初一和初二两个年级的差异惊人。这种学习兴趣的下降，必然导致学生在实验教学中的主动性的下降。

2.实验形式的影响

在对影响实验兴趣的因素的调查表明，四个学期中影响学生兴趣的首要因素都是实验形式，且对实验形式不满的比例随着年龄在增大。如第二中学的学生从初一上到初二下的比例分别为35.58%、33.68%、45.83%、42.86%。这种从初一到初二对实验形式失望情绪的发展，将影响学生在实验中的自我监控能力、主动性和创造性水平，导致全面影响主体性。

3.课堂管理影响

从表4的数据可以看出，普通中学的学生初一生物实验就有1/10以上的人受干扰常常中止实验。有26%的学生只有一半及一半以下的时间用于实验。这足以说明我们的实验课堂管理有很大的缺陷。另从对生物实验兴趣的影响来看，课堂纪律混乱是学生兴趣下降的第三位原因。学生的自我监控必须由他控向自控这样一个过渡过程，若在初一的生物实验课中就疏于管理，自然影响学生自我监控能力的发展，从而导致学生学习主体性的下降。

表4 初一学生时间利用与干扰情况（百分比/%）

学校	全部时间用于实验的人数占比/%	一半及以下时间用于实验的人数占比/%	受干扰中止的人数占比/%
第二十中学	25.32	34.18	12.66
第十三中学	37.00	26.00	11.00
第二中学	50.96	6.73	5.77

4.实验设施的影响

在关于实验兴趣下降原因的调查显示：没有动手机会是造成学生兴趣下降的重要原因，在所有的原因选项中居第二位。即使实验设施最好的省重点中学，在初一的上学期和下学期，仍有21.5%和42.1%的人会因为没有动手机会而对实验失去兴趣。这种现象在另外两所中学也同样存在。可以想象，这种现象在其他实验设施更为落后的中学会表现得更加突出。

另外，不同学期安排的实验数目不同，也对学生的主体性造成影响。我们把初中阶段各学期的生物实验的数量统计一下可知，从初一上到初二下分别是13、10、9和3个。这与学生在实验中的主体性水平几乎一致。

四、结论

从学生的主体性水平来看，我们的实验教学至少有以下不足：

1.课堂管理不够

学生的自我监控缺少他控阶段，就很难到达自控水平。如何提高生物实验教学的课堂管理水平，应纳入生物教师业务的重要内容，特别是要对刚刚走上生物教学岗位的年轻教师进行相关的培训。

2. 实验形式远不能满足学生的愿望

这造成学生对实验课原本的浓厚兴趣的逐渐下降。应该积极推进探索性、研究性等多种生物教学实验形式，在教材实验有量的保证前提下，还要争取实现生物实验教学形式的多样化，才能使新教材的实验教学有质的保证。

3. 实验教学形式和内容与学生主体性背道而驰

我们长期以来的实验教学形式和内容本质上是一种与学生主体性发展背道而驰的教学。这是本研究结果中应该引起我们高度警惕的事实。正是这种表面上的"学生兴趣高而课堂又很热闹"的生物实验教学，实质上是在摧毁学生的兴趣。

4. 生物实验教学实施亟待改善

在有些着力培养学生独立性和动手能力的实验中，应该做到实验设施人手一套，至少不能因实验设施的不足而影响学生在实验中的主体性。

原创试题的命制方法

命制原创试题是年轻教师教学的一项基本功，其不仅是一般教学检测的需要，更是进行高考模拟的需要。原创试题的编制是一个磨人的历程，它不仅对教师理解教材、设置问题提出考验，而且对教师语言表达是否科学和严谨提出考验。由此可知，它是对教师教学能力的一次综合检验。

一、寻找原创素材

原创试题命制就是在新的情境下设问的过程。素材是问题的情境支架，命一道好题首先要找到好的素材。好的素材既要有新颖性，又要有科学性。符合这样要求的素材主要有三个来源。

（一）高考题

1.改变考点

高考题的素材都是经过命题专家反复推敲的，一般都无科学性问题，因此是命题的可靠素材。但高考题素材不能照搬，必须对其进行原创式加工。原创方式主要是改变原题的考点。

如图 1 为江苏高考题，原题考点是基因工程，我们选取了题图的一部分，把它的考点改为细胞结构与功能。

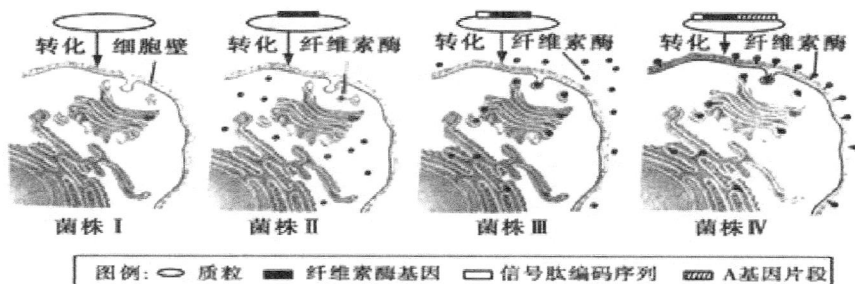

图1　酵母菌转化及纤维素酶在工程菌内合成与运输示意图

2.把几道高考题素材进行合并

如我们找到关于胰岛素的两道高考题，第一题的图表示胰岛B细胞的分泌过程，第二题的图表示胰岛素促进葡萄糖进入细胞原理。把两张图拼在一起，刚好可以设计出更丰富的考点，从而命制了图2。

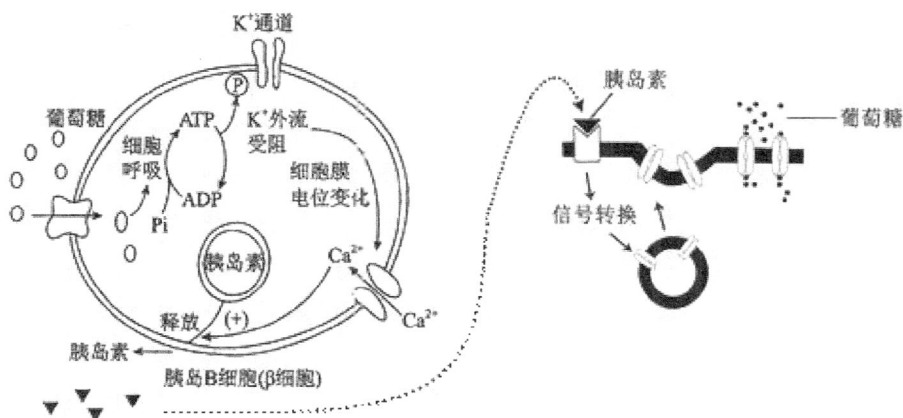

图2　胰岛素作用靶细胞的过程

3.经典实验

在生命科学发展史中，有许多经典的实验。这些实验为生命科学的发展作出了重要贡献，同时也是命题的绝佳材料。如在逆转录的发现中，戴维·巴尔的摩曾经以小白鼠败血症病毒做出一个关键实验，并因此获得1975年诺贝尔奖。根据其实验，可以对DNA复制这一核心概念进行考查。我们以此为背景,命制了模拟题。又如光合作用的考查,由于题目众多,新素材难以找到。我们借用《生物学通报》上的一个关于光合作用强度的探究实验,方法常见,但实验数据新颖,于是作为考查光合作用的素材,命制了考查光合作用的模拟题。

4.科学文献

科学文献的实验都有首创性特征,实验结果、结论又经相关专家鉴定。既有新颖性特征,又有科学性保障,因此也是科学试题的最佳素材。我们在选择素材时,可分光合作用、遗传、生态、基因工程等专题检索出相关文献,再选出适当的研究结果作为试题的素材。如我们根据《关于小麦颖果的皮色研究的综述》命制考查遗传规律的题。

由于科学文献中的实验方式、结果呈现形式,往往与学生的认知水平有一定的差距。因此,需要教师在保证科学性的前提下,对实验方式、结果进行典型化处理,以便学生理解。如在这一篇关于沙棘的文献中,作者研究沙棘种群只选择"年限是在5~20年之间",这对学生来说,不是一个典型的种群增长。为此我们阅读了大量相关文献,证明这也是一种研究种群增长的方式。于是对题目背景作了适当修改,把它改变成"在一个种群研究中,只选择了5~20年的数据",这样学生就能理解了。

二、试题的加工

这是一道关于考查减数分裂模型的最初原题:

为建立果蝇细胞减数分裂和受精作用过程模型,某同学用甲、乙两个小桶分别代表卵原细胞和精原细胞,向甲、乙桶内放入红色和白色两种颜色毛线各4根,4根毛线长度不等,依次标号为1、2、3、4。该同学从每个桶内取出不同标号毛线放在一起并记录,再将毛线放回各自小桶内,重复300次,不考虑互换。下列叙述错误的是(   )

A.长度不等的毛线模拟非同源染色体

B.从甲桶内随机取出4根毛线模拟减数分裂过程

C.从乙桶内取出两根3号毛线模拟同源染色体未分离

D.重复300次正确操作实验后，子代组合类型最多为256种

1.试题描述应科学简洁

这道题目的考查方式新颖，重点突出，是个很好的命题素材。但问题也很多，首先题干描述繁杂，四对同源染色体增加了描述难度。我们把同源染色体的数量改为2对，并以图的形式呈现，如图3所示。其次，毛线的质感不如木条，且每只桶中的木条长度或颜色要存在不同，才能计算组合的类型。最后我们将讨论修改为："为模拟减数分裂和受精作用过程中染色体组合的多样性，某同学向甲、乙桶内放入两种不同长度的木条各两根，分别标号为1、1'、2、2'。该同学从每个桶内取出两根不同标号木条放在一起并记录，再将木条放回各自小桶内，重复50次。不考虑交叉互换。"

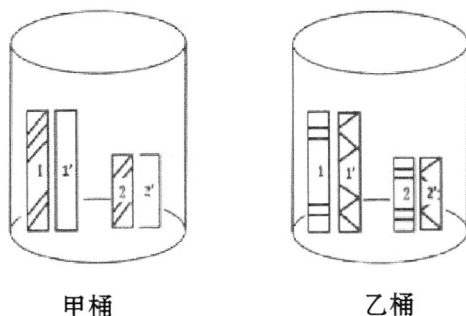

甲桶　　　　　　　　乙桶

图3　2对同源染色体示意

2.答案考查重点突出有层次

原题中四个答案考查目标层次不够丰富，特别是C项，属于"鸡肋"性质。为此，我们多番修改，最终成题时选项如下：

A.甲、乙两桶模拟原始生殖细胞

B.从甲桶内随机取出两根木条模拟配子中染色体组成

C.从两桶内各取出1、2'放在一起模拟自由组合

D.重复50次正确操作实验后，子代染色体组成最多为16种

最后呈现四个答案分别对应：减数分裂器官、减数分裂过程的染色体分配、受精作用、子代的组合类型，层次分明，由浅入深，对减数分裂过程、遗传定律的考查做到了全覆盖。加之题干表述简洁清晰，本题能成为一个经

典好题。

三、按程序讨论和校对

命题小组4~5人为宜，在题目的编制过程中，先分工寻找素材，这是一个长期收集的过程。第一次讨论在收集好后，讨论确定题目素材可否使用，如果能使用还要讨论出修改方案。每次讨论的模式是先分别读题，发现问题，再共同讨论，形成修改方案。

这样的讨论要进行三轮，才能确定题干和答案，形成初稿。初稿到定稿付印，还要进行三次校对。校对一定要在纸质稿上进行，每次校对模式同讨论一致：先分别读题，再一起讨论形成修改方案。经过这样三轮修改、三轮校对（修改），一般不会出现错误。

发掘教育途径

辛劳的班主任

一、教育是无条件的积极关注

人本主义心理学家罗杰斯认为，积极关注的需要随自我产生，是人类的一种普遍需要。

如果一个孩子在成长过程中得到的是有条件的积极关注，如只有当他完全按照父母的要求去做（不论对错）父母才关心他，渐渐地他的自我很可能会扭曲，会对自己产生怀疑，为了换取别人的关注，他就可能不断采取一些否定自身经验（如有损自己尊严、品德）的做法。可是当他这样做的时候，他同时体现出一种对自己的否定，他想被外界关注的需要虽然得到了满足，但他自我关注的需要却受到了挫折，内在的自我实现倾向也因此受到干扰。

一次和以前的学生聚会，发现自己对有的学生仍然亲切如旧，但是对有的学生却怎么也亲切不起来。这些学生哪怕是当年优秀，哪怕如今事业有成，这让我感到非常的惊讶！因为我清楚记得，当年我对每个学生都是充满了关爱。

这只能说明当学生离开你，你对他们的爱就有了差别。反观当年和他们相遇时，他们还是学生，我对他们的爱没有分别。这就是缘于无条件的积极关注。

无条件的积极关注是指对待学生无条件的去关注，关注他的尊严和价值，关注他自我实现的能力和权力。

感谢当年，我做到了。

二、用最大付出带最难的班

刚走上工作岗位，学校就指定我去做住校班班主任。当年马鞍山钢铁公司在偏远向山镇的南山矿、当涂县的孤山矿和芜湖繁昌县桃冲矿职工子女也可以到马鞍山第二中学上学。由于路途很远，这些学生就只能住在学校，学校把这些同学单独编一个班，取名住校班。这些学生在矿区小学和家庭受到的教育不够规范，如今又远离家长的监督，到了新的学习环境以后，各种生活学习中缺点纷呈涌现。

记得当年的年级部主任微笑着对我说："叫你做住校班班主任，是学校对你的重视。"等接手之后，我才知道这个班主任可不是一般的难当。

晚上放学以后，别的班主任都可以回家了，可是住校班班主任却有一个另外的任务：陪学生晚自习，从18点一直陪到21点。这还没完，等学生回到宿舍，22点到23点还要去检查学生是否在聊天。如果在聊天，他们会兴奋得一夜无眠，第2天上课就打不起精神。也就是说住校班班主任每天要比别的班主任多付出4~5小时。每年从开学到放假，几乎天天如此，不论刮风下雪，不论严寒酷暑。这对于当时一个二十出头的毛头小伙子的我来说，确实是前所未有的考验。我几乎天天待在学校里，陪着学生，很少有机会出校门。

最痛苦的事是夜里突然学生前来敲门，说某某同学生病了。一次一位女生下楼时把脚崴了，需要立即送往医院，但是已经没有公共汽车，我就背着150多斤重的她走了3站路，把她送到了人民医院。到了医院又要把她背上四楼骨科，上下来回，我简直就要虚脱了。还有一次，一位男生半夜来敲门，原来是他不小心把铅笔芯插进自己的指甲里了。我清楚地记得那是一个下着小雪的冬天，北风呼啸，我没来得及穿上棉衣就把他背到医院。顾不上气喘吁吁，就不停地安慰害怕手术的他："不要紧，很快就会好的，我也曾经做过手术。"主刀医生好奇地问道："这是您的孩子？好像不像。他是你的亲弟弟？"我笑着说："他是我的学生。"值班几个医生不禁同时投来敬佩的目光。

陶行知先生云："学高为师、正身为范。"刚走上讲台，还没有能力学高为师，那至少身正为范，以爱，以全部的爱来赢得学生的爱戴。

一次我正在吃饭，几个先到教室的同学跑来告诉我有几个校外的男青年来教室闹事。我丢下筷子立即冲到教室，那几个校外的男青年还在教室里，正在嚣张地敲桌子踢板凳，孩子们吓得都不敢抬头。我立即冲上前去，一把揪住那个最大的，大声责问他："想干什么，想不想被送到派出所？"这个人被吓得立即服了软，喏喏答应从此再也不来班级捣乱。台下的同学们也都惊呆了，因为他们从来没有想到一向文弱的班主任竟然有这么大的勇气。我自己也惊呆了，大概只有面对那么多你要守护的孩子，你爱的孩子，才能爆发出如此大的勇气，才能震慑住那些人。

多年以后，我和老校长开玩笑说："当年你叫我当住校班班主任，我每天多工作5小时，一共9年，你可是没付过工资啊？"老校长笑着说："可不是我叫你加班的哟！"我顿时语塞。也对啊，学校从未规定住校班班主任要怎么做。换句话说，是我自己要这样做的。教育也可以这样，用最笨的办法，做到最好。

三、做一个坚持教育理想的人

刚当班主任不久，班上就发生了一件棘手的事。班上有一位家境优渥、学习优秀的女生，在受到班干批评后，竟然用钱收买一位男生，每天放掉班干自行车车胎里的气。在完成调查结果后，我决定要求该女生在班会时作出书面检讨。可是该女生不仅拒绝检讨，还在家以自残威胁家长。她的家长也来求情，甚至通过校领导来求情。可这件事不仅是她态度不对，采用的方法也不正确，且对班级的氛围产生了恶劣的影响。如果放任不管，必将对班级的氛围以及该女生的今后成长产生负面影响。所以，我一直坚持自己的教育观点，最后很好地挽回了班级氛围。

有一年学校正在建科学楼，我们班一位活泼的H女生突然不想上学了。和父母联系得知原来每次她上学的时候，都会遇到工地上一位男青年对她出言不逊，让她受到了伤害。我知道之后非常生气，学校本该是一座神圣的地方，竟然让学生心里产生这样的负面情绪，这是无论如何也不能接受的。于是我就去学校的政教处反映，要求他们与施工方交涉，这位男青年要么书面道歉，要么被开除，但是施工方却置之不理，多次交涉无果。学校政教处的老师也认为，算了吧，将来孩子到了社会可能也会面临这样的问题。但我坚持认为，让我们班的学生在学校受到这样的伤害，是绝对不负责任的表现，于是我亲自去找校长，由校长和施工方直接交涉，最后责令他们开除了这位男青年。这位女生总算露出笑脸，从此依然乐观向上。

在第三届住校学生中，有一名成绩不好的男生M同学。在他初三那年，学校政教处找到我说宿舍的老师告诉他们，我们班M同学有黑社会的嫌疑。我有点吃惊，因为M同学虽然成绩不佳，但胆子还是比较小的，怎么一下子就会变成黑社会分子了？经调查，宿管老师认定他是黑社会的证据就是他把全宿舍的男生组织起来，每人床下放了一根竹棍。他们认定，这是一个有组织的黑社会团伙。经过我的仔细调查得知，原来学校常有一些校外青年进来捣乱，M同学就号召同学都准备了一根竹棍。但是，他们没有寻衅滋事，没有打架斗殴，也没有勒索钱财、欺辱别人等行为。怎么也谈不上黑社会性质啊！将他们定义为黑社会，是不负责的。经过我的调查后，他们最终没有给M同学处分。

H同学现定居国外。一次回国时，她特地来看我，相聚中，她依然眼中含泪地谈起当年老师为她"撑腰"的事件。多年以后，我也曾遇到M同学，他深深地给我鞠了一躬，因为当年学校准备给他定性为黑社会分子时，全家都很吃惊，他也很绝望。后来学校改变这一处分，让他相信这个社会是有正义的。

我想这就是教育的力量，当年的一个小小决定，就能影响他们对未来、对人生的态度！所以我们应该对他们行为的定性慎之又慎。对可能的"恶"宁信无不信其有，对可能的"善"宁信其有不信其无。这就是无条件的积极关注。

四、教育也需创新

每天都是这样简单的重复，琐碎的循环。很快我就感觉到了乏味，甚至主动盼望学生放假，这样也就不需要去陪他们了。但在第4年时，我开始思考是否可以有些创造呢？

由于本班还有城里的学生，他们和边远地区的学生家境经济情况有较大的悬殊，每到过生日时，城里的孩子都显得特别骄傲，边远地区的孩子显得非常落寞，于是我在想能不能给孩子过集体生日。这样一来可以营造一个良好的集体氛围，二来可以体现在班级大家庭中人人平等。于是我为大家的生日做好统计，每周一班会的时候，过生日的同学就会收到一个小蛋糕，大家一起为他们唱生日歌。记得一位父母离异的女生，在同学们的生日歌中流下了幸福的眼泪。

孩子每天不能按时起床，一来不按时吃早饭，影响身体健康；二来上误迟到，影响学习成绩。我能做些什么呢？经过一番思考，我决定每天早上去喊他们起床，一个学期下来，他们都养成了定时起床的好习惯。后来我又想，这些孩子正是长身体的时候，身体是他们的本钱。能不能帮他们安排时间锻炼身体呢？于是，我就在每天早上喊他们起床之后，带着他们一起在操场跑步。经过一年的努力，在全校的秋季运动会上，我们班的男生女生包揽了长跑的前5名，同学们都开心地笑了，特别是多年以后大家相聚的时候都会骄傲地谈起那年的秋季运动会，还有几位同学说从那以后跑步变成了他们的强项，也把这个早起跑步的好习惯一直保持着。

通过这些创造性的劳动，学生的班级意识明显提高，学习生活的意志品质得到了明显的提升，学习成绩也有了明显的进步。这是我住校班班主任生涯最开心的事。原来进行创造性的劳动，不论多么辛苦，都是快乐的。

作为初中的班主任，最痛苦的事就是孩子犯过的错误会一再重犯。记得当年学校派我去跟一位老班主任学习，他就是全国劳模汪隆辉老师。汪老师身材高大，不苟言笑，性格憨厚。每当学生犯了错，他就会把他叫到办公室，然后慢慢的问询事实，弄清事件过程，最后只是轻声的说了一句："下次不能这样了。"

这恰好说明了教育的单调特性：若不成功，就再无条件地去积极关注。但也许明天，也许在未来，教育就会守得日出云开。这种单调性，也正是教育充满魅力的另一面，随时会发生奇迹！

课前演讲：与学生分享教师的生命体验

教师对学生的影响就是一棵高大的树，聚拢一批树，构建一处森林，形成了具特定的光、热、水分因素的微气候，学生便如从种子、小草到幼苗，得以最自然、最理想地成长。教育的最高境界本就是这种润物无声的过程。

好的教育者只培土、浇水，让光照均匀，不让一棵小树有长歪生虫的理由。因势利导，绝不是动不动就用剪刀。剪刀只能剪去斜枝，但一定会留下伤痕，伴随树的一生。这种疤痕、节瘤甚至会影响一棵树今后抗风、抗浪、抗霉菌腐蚀的质量。所以教育拒绝割草机式的方式，这种方式只是让所有的生命样式整齐划一，但生命的本源应是万木争荣、自然生发。因此，好的教育是相互需要、相互影响、共同成长，一如一座生机勃勃的森林。

著名教育家朱小蔓认为，教育在本质上是生命彼此相依，生命彼此相通的活动。因此要关注教师个体生命的成长，要激发、唤醒教师作为人的自我教育的意识和能力。教师对学生的影响亦如斯，我们可以等待学生来发现教师的影响，也可以主动展示自己的生命体验，作为最好的教育资源。课前演讲就是展示教师自我教育能力的绝好舞台。

在每一届学生没准备好的前两周里，或学生临时有事耽误没准备好时，或在高三时，我总会准备一些自己的演讲作为备用。

一、讲自己的观察与探究实验

2020年11月，四楼的过道与廊柱一角，长出一片地钱，一撮粉尘堆积的廊角，就成了初生演替的温床。2022年4月，这里又生长出一株蒿。地钱立即死了一圈。昨天，蒿下出现一只鼠妇、一只黄蟋蟀。我就和同学们一起畅想：蒿的种子是飞上来的？那地钱的孢子呢？那蟋蟀、鼠妇的卵呢？一起感叹生命真是奇迹。众多生命一起演替，更是奇迹中的奇迹！

在课堂上突然想起一只乌鸫。那是去年冬天一个风雪凛冽的傍晚，学生们都冲出教室，在为飞雪欢叫。只有我看到教学楼边避风玉兰树上，一只乌鸫仓皇窜出，在北风中摇晃飞远。若论体重，乌鸫只有人体的1/250，论散热效率，一只乌鸫比一个人快一百倍。那夜晚的野外，至少它会感觉到比我们人类冷一百倍！要知道，乌鸫还算体形中等，那些小型鸟只有乌鸫的十分之一。请不要在冬天的黄昏，去打扰一片树林的寂静。因为鸟儿在冬天夜晚感到的寒冷，要远超我们想象的一百倍以上。

这样的观察还有很多，如观察蚜虫形成的蜜露、鸟类取食对大叶女贞种子萌发率的影响等，但凡建议学生进行的实验，我都做过，并做好了记录，如果需要随时和学生分享。

二、悟自己的观察与思考

1.仿生学

太阳能电池板吸收太阳光的效率不到20%，但是有些蝴蝶翅膀吸收太阳能的效率可以达到99%。蝴蝶翅的宝蓝色不是色素，而是多层立体的"栅栏"结构。

骆驼的鼻腔黏膜能够像水泵一样，当沙漠空气经过黏膜时，黏膜会渗出水分湿润空气；而当从肺中呼出气体再度经过黏膜时，黏膜会回收一半以上的水分。人们可以根据这些原理建造出一个森林生态系统或是一种建筑，利用冷热的空气交替来形成降雨。

在一部仿生学纪录片中，众多的仿生技术层出不穷。我把自己的惊讶通过演讲，也惊讶了我的学生。

2. 最坚硬的板栗

我见过最坚硬的板栗，是在中秋时才落下的，它们的每一颗外壳都坚硬如头盔，即使煮了再蒸，把它剥开，剥出空壳，仍然掷地有声。可是经过一个冬天，它却自然地在蒸锅中裂开了一条缝。尽管它们被煮了，储存在冰箱中一个冬天，壳的材料却仿佛仍有"记忆"，知道时间到了，它们应该裂开了。

这让我们明白，生命从来不追求坚固永恒，再高的树干要还给泥土，最坚硬的骨骼也要还给泥土。坚硬的树干都只不过是生命之河中泥沙暂时沉积的沙洲。过于坚硬，多存在一刻，便是为难自己。

三、谈自己感觉到的生命的美好

1. 我是怎么知道蜻蜓是变温动物的？

一个初秋早晨，我见到一只美丽的蜻蜓，一动不动地停在叶上，翅展得很平，不像是死亡的样子。我取下它，它还是一动不动。我把它拢在手掌之间，为它提供热量，不一会，再打开手掌时，它就用扇翅刮擦我的掌心，然后就飞走了。那被蜻蜓摩擦掌心的时刻感觉特别美好。

2. 一片罕见的莲瓣

一个秋天的早晨，我看到有一只艳红的小鸟漂浮在湖面。我从来没见过如此美丽的小鸟，凑近了一看，竟然是一片绯红的莲花花瓣。整个花瓣几乎立起，只有花瓣基部静卧水面，在晨风中起舞……难以想象它的花瓣该多么轻盈？其表面疏水作用一定非常强。

当然还有竹林里的那一只野兔，黄山雨夜中的萤火虫都必须告诉我的每一届学生。2022年冬天，一个毕业了几年的学生要到学校来看我。那时防疫形势很紧张，门卫不让她进校，我只好出校门和她在门口见面。原来她要送给我一个小礼物，礼物就是一只漂亮的萤火虫胸针。我特别感动，这是我收到的最好礼物！这表明她接收到了老师那只小小萤火虫带给她的感动，又把感动回馈给了我！

　　生命真好！做教育真好！

用课前演讲唤醒学生热爱生命的情感

新课标中明确指出，"热爱自然，珍爱生命"是高中生物课程的重要情感目标。因此，引导学生关注自然，认识自然中生命，从而感受生命之美并学会热爱生命的教育愈发重要。如何培养学生热爱生命的情感？现行教材却无明确的目标和措施。为弥补这一缺憾，近十年来，我对这一问题进行了一些思考和探索。

一、设想的由来

在学生心目中，现行高中生物课程的目的是高考。最明显的体现就是文科班学生高考不考生物，生物课的学习状况一言难尽。出现这一现象原因有二：一是由于教材脱离了学生的生活实际；二是高考的压力大，让学生无暇关注生活中丰富的生命现象，感悟生命更无从谈及。

《美国国家科学标准》认为，学校周围的自然环境应当成为生物科学学习的资源。爱小动物是每个孩子的天性，难道到了高中，学生就没有关注生命的兴趣吗？不是。当我们教师在课堂上说起自己的生命体验时，学生仍然听得津津有味，学生缺乏的只是直接经验。

每个学生能亲自观察到的生命现象极其有限，怎样将这些有限的经验转化并升华成对生命的思考和对生命的赞美？能否把每个学生个体有限的观察结果功能放大？如果搭建一个交流平台，分享每个人的观察结果与体验，那么大家的观察结果与体验就会放大几十倍。

高中学生已有一定的生活阅历，且观察能力强，表达能力也很强。于是我想到可在每节课前举行三到五分钟演讲，主题就是"观察、感悟生命"。

二、实施过程

从学生高一时开始，选在"五一"长假前布置任务，要求按学号顺序，每个人准备3～5分钟的演讲，留下讲稿文档及PPT文件以备整理成册。演讲时间放在课前，若本节教学内容多，教师可适当将演讲开始时间提前，以确保不影响正常教学进度。

三、演讲内容综述

十几年下来，学生参与的热情高涨，演讲内容的广博都远超想象。内容主要涉及如下几个方面：

1.谈自己生活中接触的生命

可以介绍自己家楼顶上的菜园，每种植物的图片，谈怎样才能种好的经验；也可以谈上学路旁的小草，还有过去养过的宠物，还有童年时外婆门口的野草莓、蛇莓。

2.畅想生命科学的过去和未来

可以畅想，如介绍尚未发现的硅基生命。硅基生命适于生活在200～400℃环境中，细胞大，能代谢出SiO_2，寿命达百万年。虽只是幻想，但以Si代替生命最基本元素C的设想合理，对学生拓展思维大有裨益。

可以畅想胖胖的生命。自然界胖胖的企鹅与海豚，动画里胖胖的生命，这些胖胖的生命出现都是与环境相适应的偶然。推而广之，每种生命的出现都是进化的奇迹！每一种生命的存在都有不为人知的缘由和意义，都藏着一个进化的原因和秘密，等待我们去认知。让我们珍爱每一种身边的生命。

可以反思生命学习方式的进化。针对很多同学养宠物出现的问题，"为什么我们养小花小草小昆虫小蚯蚓那么容易养死，养小猫小狗就容易得多？为什么爸妈从来没把你养死过？"演讲的学生认为这是因为小动物学习能力比植物强，我们比小动物学习能力强。一个人一生的记忆容量转换下来相当于两万个500GB的移动硬盘，如此强大的记忆功能也极大地促进了人类创造性工作的进行。我们又具顿悟能力（顿悟能力也被认为是学习能力的最高级形式），能使用工具和制造工具，甚至可以使创造性工作的速度成倍地上涨从而加快文明的进程。我们还具有语言能力，复杂的语言能力是人类所独有的能力，而这项能力对于推动文明的进程有着至关重要的作用。一切在程序运行下的计算机都没有顿悟学习能力，所以他认为，要想真正实现人工智能，必定要推翻现有的计算机模式，仿照人类的大脑构造出一种具顿悟学习能力的神经元计算机。面对如此深度思考触及灵魂的演讲，全班报以一遍又一遍热烈的掌声。

在这一类演讲内容中，学生的想象力和丰富和深刻真是令教师咋舌、兴叹的。

3.关注自身健康

有人关注自己口腔常常溃疡，一溃疡就难愈合。于是就去查，去思考为什么？再与大家分享。

有人关注进餐时最佳的喝汤时间。餐前与餐后喝汤对减肥的影响有何不同？在餐前喝汤，可减少饥饿感，自然减少食物的摄入量，对减肥有利；餐后喝汤只会撑大胃，增加日后的饥饿感，使你吃得更多，于瘦身不利。吃泡饭有何坏处？冲淡消化液，不利于牙齿的锻炼，对整个消化系统功能都有不利影响。

4.介绍自己进行的生命科学实验

红花继木的嫩叶为什么是红色？学生就此提出几种假说，并试图进行验证。表妹睡觉时眼睛是睁着的，为什么？自己在家做黄豆芽、豌豆芽的实验图片，也可与大家分享。对阳台上一窝珠颈斑鸠繁殖进行观察记录，还有白头鹎、乌鸫的繁殖观察记录，都会让所有的同学屏住呼吸又瞪大双眼。

四、教师对交流的引导

1.对内容的科学性把关或升华

当学生把花序轴说成茎，教师要及时纠正。学生演讲中所称"野草莓"，实际学名是蔷薇科植物空心泡。一个学生在演讲时谈到"黄豆芽只能收获一次，而豌豆芽却可收割几次"。教师可以提问：这是什么原因？主要是两种豆芽中子叶的位置不同，出苗时豌豆子叶留土，而黄豆子叶出土。如果剪去豌豆子叶以上的苗，有子叶提供营养也可继续生长成苗。

2.对演讲中科学术语作出解释

什么叫互生叶序？什么是平行叶脉？教师可以在学生演讲同时用板图进行补充解释。什么是蓇葖果？教师可在学生演讲后作解释。

3.分享自己的心得

教师的生活体验和观察能力等生命科学素养都优于学生，因此有更多科学的生命感悟可与学生分享。关于口腔溃疡，根据自己的生活体验，老师总结出四点对策。一是加强锻炼，提高免疫能力；二是吃饭、刷牙都要避免受外伤；三是口服一些抗溃疡的维生素B；四是在溃疡发生时避免辛辣酸咸等刺激伤口，更要防止牙刷等再次破坏伤口。

（1）分享自己的生命体验。在已毕业多年的学生聚会上，我曾提出一个问题：回首高中生物课堂，你们印象最深的是什么？他们说是那只野兔。那是我童年放羊时的一次亲身经历：有一只不知畏惧小野兔，正和两只小羊忘情地玩耍，我却击伤了它，流了很多血。那恐怖的场面使我终生内疚、痛楚！从此，只要一有机会，都会让每一个我的学生知道，那只野兔对我的影响。

（2）分享自己的观察经验。校园小伯劳出窝了，和学生谈谈小伯劳早早地追抢亲鸟食物的情景，以及一只翅受伤的伯劳的遭遇。校园湖中一窝红骨顶出壳，叫学生下课去看看那七只黑绒球般的雏鸟，还有它们一家的生活。

学生听得如痴如醉，观察的热情更是在临近高考时也未曾消减。

4.对演讲作出恰当评价

学生的个性化体验差异性大，准备演讲的能力也存在差异。教师应从演讲内容的独创性、实践性（是否进行了观察、实验）、逻辑性以及表达的流畅性等方面进行综合评价，以确保演讲的宗旨不变，促进学生更加关注身边的生命现象并进行实验。

5.展示生命科学与艺术的关系

漆树与漆器、诗词中对鹤的认识误区、古诗词中海棠。这些大多是文科班同学的选题，符合其思维特点，又具他们的学科特色。但作为理科教师，可引导他们从更科学的角度去体会生命的美好。如有学生介绍紫玉兰时，教师可以让学生思考王维的名篇《辛夷坞》中有"木末芙蓉花"，为何称"木末"？因为其花芽是顶芽，长在枝顶，花芽含苞未放时，毛茸茸的，如同一支毛笔，故又称"木笔"。

五、学生的收获

在演讲活动推进一轮后，我发现大多数同学都作了精心准备。在第一个学期结束时，还进行过一次无记名调查，所有的学生都反映良好，评价积极。

纵观开展演讲活动一年来，演讲前后学生的变化显著。

1.激发了学习兴趣

观察身边生命的学生陡然增多。柳絮、杨絮的不同点都成为同学们关心的热点，和教师谈校园植物、动物的同学人数明显增多。有一位学生利用近一年时间，将马鞍山市几乎所有鸟类都拍了照。

学生学习高中生物学的热情也显著提高。三个理科班分班时来了几个基础薄弱的学生，但通过演讲，生物学习成绩也有了明显的提高。更难能可贵的是，即使是文科班的学生，大部分也能积极准备演讲，上课的氛围明显好过以往的文科班。即使到了高三，还有文科班的学生在明信片中写道：体味自然的两年生物课非常开心。这充分说明即使离开高考，生命科学教育本身也具有强大的生命力。

2.培养了珍爱生命的观念

在说起宠物死亡时，很多演讲者都眼睛湿润。在描述童年时关于动物、植物的记忆时，每位演讲者都充满深情。在台上动情演讲之时，教室里的每个人都全神贯注，充满神往之情。学生能如此关注生命，热爱生命，这在笔者所有的教学经历中还是第一次。

在各种奇特动物的介绍中，很多男生都选择蜜獾。蜜獾以"世界上最无所畏惧的动物"被收录在吉尼斯世界纪录大全中长达数年之久。蜜獾喜食蜜蜂幼虫和蛹，它们会不顾自身的安危直接冲进蜂箱——这往往导致其不幸地死亡。蜜獾能杀死幼年尼罗鳄，而且它是非常有效的蛇杀手，它只需要15分钟就可以吃掉1.7米的蛇。这些动物的凶猛在自然界是众所周知的，甚至有些猎豹或者狮子在与蜜獾的交手中也会被其反杀。

在青春懵懂的年纪，如何面对各种对自己尊严的冒犯？他们往往本能地崇拜"生死看淡，不服就干"的草莽精神。怎样引导他们以珍爱生命的方式化解冲突？我觉得有必要说出我的观点。点评时，我说放眼自然界，应对动物之间冲突时，动物大多采取避免受伤的对策，肯定是这样的生存策略会提高生存概率。反观蜜獾这种激化冲突的方式，只是个案，不是更适应生存的对策。

当我表达这样观点后，班级里男生原本有些狂躁的眼神里，大多露出了更澄澈的冷静。我想他们大多应该明白了老师奉劝他们珍爱生命的良苦用心。

六、体会

有一位憨厚又大大咧咧的女生，她的学号排在最后，由于放假耽误，我们都忘记了她还没演讲。她特地提醒我："老师，还有几个人的演讲未完成呢！"当她站在讲台描述那只小象的遭遇时，脸涨得通红，眼神中充满了悲戚，语气中充满了怒火……这正是我们孜孜以求的教育价值：以自己对生命的热爱，唤醒了别人对生命的热爱。

热爱生命，才能热爱生活，才能珍惜自己的生命。让学生无论何时何地，都能珍爱生命，这是学生终生幸福的基本前提。也关系学生一生的生命质量。

什么是最好的教育？英国哲学家斯宾塞说："教育的目的和任务，就是为我们的完满生活做准备。"爱默生说："培养好人的秘诀就是让他在大自然中生活。"《寂静的春天》作者蕾切尔·卡逊说："那些感受大地之美的人，能从中获得生命的力量，直至一生。"在这些哲人看来，让学生尝试学习观察生命，感悟生命，这样的生命教育不仅关乎学生的品德，还关乎一个人终生的幸福，是教育的终极目标。从这个角度来看，进行这种丰富生动的生命教育，是最好教育的一部分。

用课前演讲弥补科学素养的缺环

新课程标准的宗旨是确定学生修习一门课程后所形成的正确价值观念、必备品格与关键能力。赫德认为：科学素养是一个人做出合理决策所需的智力技巧和知识要素，或者是需要理解科学或技术的情境中采取有认识力的行动。

一、现有科学素养培养的缺环

在教学中经常发现这样的奇怪现象：即使学过基因和环境共同决定性状，还是常听学生说："我的胖是天生的。怎么少吃也瘦不了，再运动也瘦不了。"前者他在否定了生命的物质性，因为你身上的脂肪不会凭空产生；后者否定了生命的能量观，因为运动一定在消耗能量物质脂肪。学生即使学习了传统发酵技术的原理，在展示自己做的泡菜、葡萄酒时，他们还会提醒老师：不能闻、不能尝。这就是概念与核心素养的差别，说明学生只形成了概念，未形成素养，所以不能运用概念指导行为，因此表现为行为与概念分离。

一个生命概念需要在实践中反复验证，才能形成一个正确的生命观念。有一次验证为否定，观念就失败。所以我们更应关注两点：一是不进行实践验证，观念的形成也会失败；二是在认知范围设立验证禁区，如不讨论课外实际问题，同样不能形成观念。

在必修1中我们反复强调探究的过程，在"细胞呼吸"一节，我们事先布置了一个作业：就酵母菌呼吸方式实验的相关材料提出一个探究问题，结果只有约1/3的学生达标。理解探究过程，绝不等于学会了探究，具备科学探究能力。我们有理由相信，学生在课内的概念学习与课外行为决策的验证相分离，是导致学生核心素养培养缺陷的重要原因。

怎样弥补课外行为决策的验证缺失，让培养核心素养情境无死角？怎样使素养的培养过程形成由概念到行动决策的闭环模式？

我们进行了很好的尝试，即利用生物课前演讲。

二、课前演讲前的教师准备

1.普遍性学习

由于学生的选题是未知的，这要求教师必须先学习、思考，从生活到书本、从网络到电视，只有自己先做一个有生命观念的人，才能更好地对演讲进行恰当的评价。如自己首先尝试各种传统发酵技术，能辨别出学生制作的泡菜、果酒的优劣，才能指导学生进行改进，使学生有信心进一步进行实践验证。否则，很难想象学生会相信"传统发酵技术中以某种微生物占优势，可产生对人有益的食品"，同时产生相应的生命观念。

2.为学生提供建议探究实验清单

根据自己多年经验，演讲分两轮进行，使每个学生有充足的准备时间和获得经验。我在每一次精彩演讲结束的当堂课后，就给出修改意见，让同学们立即修改。另外，为方便学生探究，根据本地物候与条件，为学生提供建议实验清单。通过反复修改，最新的一份探究实验清单，如表1所示。

表1　探究实验清单

时间	探究实验项目
春季	(1)养一盆花,观察其生长过程 (2)种植辣椒、茄子等蔬菜,观察其生长过程

续　表

时间	探究实验项目
夏季	(1)观察蚜虫形成的蜜露 (2)观察小区鸟类(麻雀、乌鸫)的行为 (3)观察水黾的习性 (4)养蟋蟀、跳蛛等，观察其行为习性
秋季	(1)制作泡菜、葡萄酒(葡萄醋) (2)观察一棵树落叶的过程
冬季	(1)观察蘑菇的生长过程 (2)收集大叶女贞果实(种子)，探究鸟类取食对其萌发的影响 (3)收集樟果实(种子)，探究樟树种子冬天不能萌发的原因

三、演讲的评价机制

演讲可以从生命观念、科学思维、科学探究三个维度进行评价。具备其中一个标准的，师生集体鼓掌一次，集体鼓掌两次以上的为优秀演讲稿，请做演讲的学生把文档按图文并茂、简洁流畅、可读性强三个特征修改好，入编本届学生的《感悟生命》一书。在学生毕业前的成人礼上，该书将作为礼物赠送给每一位学生。

我在其中一本书的序言中写道："当你们拿到这本书时，就是你们带着老师的祝福离开校园的时候。不免有许多不舍、许多感伤，但好在有这本书，记录了课堂上我们那么多精彩而快乐的时光。好在未来又有那么多精彩的生命现象等着我们观察，等着我们交流，等着我们感悟生命的美好，这又是多么美好的开始啊！从此无论走到哪里，愿你们都能关注身旁的生命，获取人生的快乐和幸福！"

这是一个历时两年，由100多次生命观察的汇报交流、师生互动形成的成果。其作用巨大到远超我的预料，对学生科学素养产生了深远的影响。

四、对学生科学素养的影响

1.培养了科学思维

一个男生想到沙漠植物怎样找到水源的问题，若是很远的距离，水分的浓度差就会很小，会不会是靠声音、振动？这是一个让人脑洞大开的创造性思维。经文献检索，竟然真有研究支持这样的观点！

第一次演讲我会强调逻辑正确，这对全体学生都是一次极好的科学思维训练。在实验班的学生中，我又鼓励他们去用英文检索文献，第二轮他们做出的演讲报告证据新颖、充分，推理缜密、逻辑清晰、精彩纷呈，很多初步具备了小型科学综述的特征。

2.对生命的理解更加深入

柑橘属的果实如此的相似且种类众多，厘清它们的关系是一个具有挑战的工作。不同果实对应的个体符合生物学上学习的不同物种的概念吗？这是一个对科研工作者都具有挑战意义的问题，但一位女同学厘清它们的关系，解决了这个难题。

在教学中我发现，学生对生命现象（如是否认同"还魂草"的说法）科学判断能力普遍增强，对生命现象（如基因编辑技术）进行科学评价能力增强，对生命问题（如施用膨大剂的草莓你吃不吃）进行科学决策能力都得到了很好的培养。

3.提高学生科学探究的能力

从演讲的选题到准备讲稿的过程，影响演讲质量最直接的因素是学生曾经的最大短板——探究能力，两年下来，学生的探究能力有了明显提高。

（1）进行观察实验。很多同学开始关注身边的动植物。观察的植物中常见的有车轴草、石楠、蛇莓、木莓等；观察的动物有金鱼、仓鼠、蜥蜴等。同学们观察到伯劳、白头鹎、珠颈斑鸠、红骨顶的繁殖行为，拍摄乌鸫育雏行为。

（2）对身边现象提出问题并进行研究。如一位同学对他表妹睡觉不闭眼的现象展开调查；一位同学因为家里的小猫瞳孔异色，开始调查瞳孔异色症；一位女生对校园鸟类完成了拍摄调查。

（3）进行实验研究。如有位同学利用家庭芽菜技术，做了黑豆与绿豆发芽的比较；一位同学从网上购得蘑菇培养基，对平菇与香菇的出菇状况进行比较；另一位同学则网购了各种器材，在实验室完成了石斛的组织培养。有的同学种植向日葵等植物，还有的同学养殖各种小动物进行实验，如跳蛛观察实验、青蛙视力实验、金鱼对不同剂量烟丝浸出液的耐受性实验。

生命科学素养的本质，是从身边生命现象出发进行思考、实验，对问题作出科学的解释或决策。课前演讲作为一项研究课程，无论是选题和准备演讲的过程，还是演讲过程中师生之间、生生之间互动，教师评价，都是学生科学研究的完整模拟过程。这些课外实践过程，恰好可以弥补高中生物课程与生活实践之间的疏离，形成了培养科学素养的完整认知闭环，从而真正实现学生科学素养的全方位培养。

这样的演讲对每一位学生都产生了深远的影响。很多学生毕业后发现一只特别的鸟、一朵漂亮的花，都会在微信中发给我，说这可以做演讲的好材料。这样对生命的观察和交流，让我获得了极大的欣慰，因为这正是我创设这一活动的宗旨与苦心，也正是学生科学素养提高的最好体现。

这种对学生完整而彻底的科学素养培养，是我心中一种理想的教育，可以称为一种纯粹的教育！

本届演讲，我们吸取了前面历届演讲的经验教训。作了以下改进：

（1）演讲人次加倍。上届同学有的说自己一轮还没找到感觉就结束了，为此本届我们每个班都进行了两轮演讲，效果非常好，好的演讲大多在第二轮出现。在有的班级，很多同学通过查找英文文献，让演讲学术水平有了质的飞跃。

（2）启动早。要进行两轮，必需启动早。以往给大家一个月时间准备，但这一届高一开学第三周就开始，为第二轮演讲腾出了足够时间。

（3）修改快。在每一次精彩演讲结束的当堂课后，我就给出修改意见，让同学们立即修改，终于在高二的端午节前完成了全部修改。

屈指算来，从2013年至今，生物课前演讲已经进行了十年，本届演讲不仅达到了我最初想见的成果，且收获远超预期。终于做成自己理想中的教育模样，十年圆了一个教育梦想！

在各班生物课代表的帮助下，我很好地完成了全部演讲稿的收集、修改！最后又得到王思惠老师的帮助，完成了统合工作。非常感谢他们的帮助！感谢全体同学的精心准备，我们完成了一件工程浩大的学习任务！

本文为2023届学生演讲稿集《感悟生命》中的序言部分

学生演讲分享

形形色色的捕虫器与捕虫机制[*]

植物界有一个"猛兽家族"，它们专门以捕获动物为生，通过消化动物获得生长所需营养，被人们称为"食虫植物"。食虫植物捕获的大部分猎物是昆虫和其他的节肢动物，且大多生长在土壤贫瘠尤其是缺少氮素的地区，酸性的沼泽和石漠化地区是它们生活的"天堂"。

据植物学家统计，能吸引和捕捉猎物并产生消化酶吸收分解营养素的食虫植物，约占据植物界10科21属630种。此外，还有超过300多个属的植物具有捕虫功能。食虫植物区别于其他植物最明显的特征是它们具有各自的捕虫器和神奇的捕虫机制。

一、黏液捕虫器及捕虫机制

黏液捕虫器捕虫是基于黏度极大的液滴。这些黏液捕虫器分布于叶片

---

[*]分享来源于302班周立轩。

上，由可分泌黏稠液滴的腺体和黏液腺柄组成，至少有5个属的植物独立进化出了黏液捕虫器。黏液捕虫器的类型可分为较短且参差不齐的捕虫堇类和较长且可运动的茅膏菜类。

1.捕虫堇属

捕虫堇属植物的黏液腺柄非常短小，黏液的恢复能力较强，它的叶片具有油亮的光泽，具有向触性。为了防止猎物被雨水冲走，叶片边缘会向内卷曲，在猎物下形成一个消化浅口，对于捕捉小型飞虫十分得力。

2.茅膏菜属

茅膏菜属有超过100个物种具有可运动的黏液捕虫器。黏液腺存在于黏液腺柄的末端。若有猎物被黏附于附近，黏液腺柄会立刻向猎物方向弯曲，参与捕获和消化的过程，如锦地罗茅膏菜的黏液腺柄能在一秒钟甚至更短的时间内弯曲180°。

茅膏菜属植物的分布非常广泛，除南极大陆外的各大洲都存在。这些物种依赖于昆虫提供氮素，因此它们不具备大多数植物用于将土壤中的氮转化为有机形式的硝酸还原酶。

科学家发现，当一只昆虫误入食虫茅膏菜的黏性触须上时，后者的叶片会卷起，并于其中消化这些猎物。这不仅仅是一种反射，更是一种捕捉和吞噬活猎物的复杂化学系统。

当研究人员用制备的茉莉酮酸酯液体碰触它们时，这些叶子也会发生卷曲。这表明卷曲反应不只是对接触或运动的反射。如死果蝇不会引起其反射，然而被压碎的死果蝇会引起叶子卷曲——表明被吞噬的猎物产生的化学物质可能会引起茉莉酮酸酯的产生。

很多植物为抵御昆虫咬啮而产生茉莉酮酸酯，但以腐烂的水果和蔬菜为食的果蝇长有柔软的口器，不会损害一棵结实的活体植物。研究人员怀疑，茅膏菜已经进化到拥有一个这样的系统——为抵御捕食者而使自身变成捕食者。

二、囊状捕虫器及捕虫机制

囊状捕虫器是狸藻属植物特有的。囊状捕虫器上的离子泵会将囊内的离子泵出。由于囊内渗透压降低，内部的水因渗透作用被排出，使得囊内产生局部的真空。囊状捕虫器有一个小口，由一个可开合的囊盖密闭住。水生狸藻的囊盖具有一对长触须，当水生的无脊椎动物，如水蚤触碰到这些触须时，其杠杆作用使得囊盖变形，从而释放真空，猎物就会被吸入囊内，最终被消化。

三、笼状或瓶状捕虫器及捕虫机制

研究表明，至少有4个属的植物独立进化出了笼状或瓶状捕虫器。

1.猪笼草属

猪笼草属植物是具有笼状捕虫器的主要类群。猪笼草的捕虫笼生长于笼蔓末端，主要捕食昆虫。马来王猪笼草等个别物种可捕食较大型的动物，如小型哺乳动物或爬行动物，但它们主要捕食的是小型昆虫。二齿猪笼草在其笼盖下表面的基部具有两个齿状的尖刺。这两个尖齿可能是用来引诱昆虫爬到笼口的正上方，昆虫一不小心就会坠入笼子中，之后被消化液消化。猪笼草捕虫笼的内表面具有类似光滑蜡质的区，可防止猎物从笼中爬出。

2.瓶子草属

瓶状捕虫器结构最简单的可能是太阳瓶子草属植物。太阳瓶子草需依靠细菌才能完成消化过程。太阳瓶子草属为瓶子草科杜鹃花目，它们的捕虫器是由叶片卷曲融合成的一个简单的瓶状结构演化而来。太阳瓶子草是南美洲高降雨量地区特有的，如罗赖马山。此外，太阳瓶子草为了防止捕虫瓶中的液体过多而使得其倒伏，其在叶片的融合处进化出了一条细小的缝隙，可让雨水从此流出。

除太阳瓶子草属外，瓶子草科还有两个属，分别是美国东南部特有的瓶子草属和加利福尼亚州特有的眼镜蛇瓶子草属。瓶子草属中的紫瓶子草具有更广阔的分布范围，可遍布加拿大东南部。

瓶子草属植物为了解决捕虫瓶中液体过度而导致倒伏的问题，进化出了瓶盖。瓶盖是位于瓶口的一片宽大的叶状结构，它覆盖了整个瓶口，使得雨水不能进入其中。瓶子草具有分泌蛋白酶和磷酸酯酶的能力，蛋白酶和磷酸酯酶可将蛋白质和核酸分解，释放出氨基酸和磷以供瓶子草吸收。由此可猜测，瓶子草进化出瓶盖也许是为了防止消化酶的流失。

眼镜蛇瓶子草、鹦鹉瓶子草和小瓶子草具有一种特殊的捕虫方式：它们瓶盖的左右两侧粘连，形成一个球状的顶部，使得整个捕虫瓶几乎密封。球状的瓶盖与瓶身的衔接处有一个凹陷的缝隙。瓶盖和瓶身上有许多缺少叶绿素而呈现白色的斑纹，阳光可以透过这些白斑射入捕虫瓶内。昆虫（大部分为蚂蚁）可以从狭缝中进入捕虫瓶。一旦进入后，它们会被这些白斑迷惑，误以为白斑处为出口而在捕虫瓶内迷失方向，最后落入消化液中被消化。眼镜蛇瓶子草的瓶盖因具有类似蛇信子的附属物而得名。一些实生的瓶子草也具有悬垂着的长形瓶盖附属物。眼镜蛇瓶子草可能是动态持续的一个特例。

黄瓶子草引诱昆虫的蜜液中含有毒芹碱，可以麻痹猎物从而提高捕获率。

因为瓶子草属植物耐寒且容易生长，所以在瓶子草科中栽培得最为广泛。

3. 土瓶草属

澳大利亚西部特有的土瓶草具有"莫卡辛"鞋状捕虫笼。捕虫笼的笼口很显眼并会分泌蜜液。在唇的内缘具有唇齿，以防止捕虫笼内的猎物爬出。昆虫常常被它们唇上分泌的蜜液和类似花朵般的形状和颜色所吸引。

4. 食虫凤梨

瘦缩布罗基凤梨是具有笼状或瓶状捕虫器的一种食虫凤梨。与其他近缘个体一样，其带状蜡纸叶片的基部会紧密地包裹成一个瓮状结构。大部分凤梨科植物的这个瓮状结构只有收集雨水的作用，可成为青蛙、昆虫或固氮菌的栖息地。瘦缩布罗基凤梨的瓮状结构已特化成为具有蜡质内壁的捕虫器，其中存在大量的消化性细菌。

四、夹状捕虫器及捕虫机制

只有捕蝇草和囊泡貉藻两个物种具有夹状捕虫器，因此它们被认为具有同一个祖先。貉藻为水生植物，专门捕捉水中的小型无脊椎动物；捕蝇草则为陆生植物，捕捉各种节肢动物，包括蜘蛛。

它们的夹状捕虫器很相似，都是由叶片的末端，沿中脉分为两叶。在每片夹叶的内表面都有触敏的触毛，捕蝇草的每片夹叶具有3根触毛，貉藻上的触毛数量更多。目前普遍认为触毛的弯曲会引发触毛基部细胞的胁迫门控通道打开，从而产生一个动作电位并传导至中脉。中脉细胞泵出离子使细胞内渗透压改变或酸度升高，导致中脉细胞失水塌陷。虽然夹状捕虫器开合的机制仍有争议，但夹叶的开合来自中脉细胞形态上的改变是可以肯定的。夹状捕虫器关闭的整个过程不超过1秒钟。

夹叶本身具有向触性。猎物的挣扎对夹叶内表面的刺激造成了夹叶向内生长，使猎物被密封于夹叶中，形成一个消化囊，从而开始1~2个星期的消化过程。每个夹状捕虫器可使用3~4次，最终失去关闭的能力。

五、龙虾笼状捕虫器及捕虫机制

龙虾笼状捕虫器存在于螺旋狸藻属植物中，其专门捕食水生原生动物。螺旋狸藻"丫"形的叶片允许猎物进入而阻止其退出。猎物进入螺旋的入口后，"丫"形叶片的上部两个触手就会逼迫猎物向"丫"形叶下部的消化囊方向运动。猎物的被迫运动也被认为与捕虫器内外渗透压导致的局部真空有关，这类似狸藻属植物的囊状捕虫器，所以在进化上它们之间可能存在近缘关系。

六、特殊的三种狸藻

柔嫩狸藻和多裂狸藻。以前并不属于狸藻属，而是被单独划分为沤蕴属，随后又被划分为狸藻的一个亚属（四萼狸藻亚属）。这两种狸藻都产自澳大利亚，其外形与其他狸藻类似，主要区别在于其捕虫囊和花萼，与其他狸藻差别较大。这两种狸藻捕虫囊约 3 毫米大，乳白色，囊壁要厚得多，没有触毛，开口外有一片状物半遮盖，且并不是将猎物吸入，而是与螺旋狸藻类似的迷宫式捕虫，其通过入口处的复杂结构与"倒毛"，使得猎物一旦进入捕虫囊就无法再出来。这两种狸藻萼片为四片，区别于其他狸藻的两片。

韦斯顿狸藻也产自澳大利亚，其外形也与其他狸藻类似。捕虫囊则更类似提到的柔嫩狸藻和多裂狸藻，但其红色的捕虫囊和入口处的三根片状触毛又区别于两者，其花朵也有一些细微的区别。

狸藻属的捕虫方式为主动型，但上述三种为螺旋狸藻属具有的迷宫型，它们地下的走茎很少，叶片也类似螺旋狸藻围绕花茎"簇状"生长。基于狸藻属与螺旋狸藻属都为狸藻科食虫植物，两属植物具有亲缘关系，部分学者认为这三种狸藻可能是两属植物在进化过程中的过渡物种。

教师点评：在平时的误下交流中，我就能明显感觉到立轩对生命的思考具有独特的角度和超出一般人的深度。本次演讲更加证实我的判断。详尽的资料，缜密的思考，对捕虫植物系统的分析，让人惊叹。有理由相信他在今后的学习工作中，一定能给我们带来惊喜。

柑橘属水果的亲缘*

橘子、柚子和橙子是我们生活中常见的水果，它们外表差异不大，剖面形态也十分相似。以前食用这些水果的时候，我就曾产生过疑问：它们会不会是同一种水果（属于同一物种），只是颜色、大小和果皮的薄厚有些差别呢？

直到有一天，我在浏览网页时，偶然发现一则网友提问："橘子和柚子杂交为什么会有可育的橙子？"回想已学知识，我开始思考：如果橘子和柚子并不属于同一个物种，那么按照生物课本上说的，它们会产生生殖隔离，也就不会产生可育的后代。那么为什么杂交后可以产生可育的橙子？难道它

---

*分享来源于312班裴宇琪。

们真的属于同一物种？我先在网络上查找资料，发现它们在生物学分类的"种"这一等级里，橘子、柚子、橙子分别对应着"橘""柚"和"香橙"，可见它们并不是同一物种。

带着重重疑问，我再次回到提问网页，在网友们的回答中找到了答案：

"在所有植物分类系统里，'生殖隔离'并不能作为界定物种的绝对标准。原始生活环境中，发生自然杂交并产生稳定性状的植物，它们之间存在重要的进化差异，因此不能笼统地被归纳为同一物种。"我这才了解到，它们虽没有产生"生殖隔离"，但由于存在进化差异，因此不能被归为同一"物种"。

阅读了网友们的回答，我又了解到了更多柑橘类水果的大致关系，我把它们做成了以下图片，如图1所示。

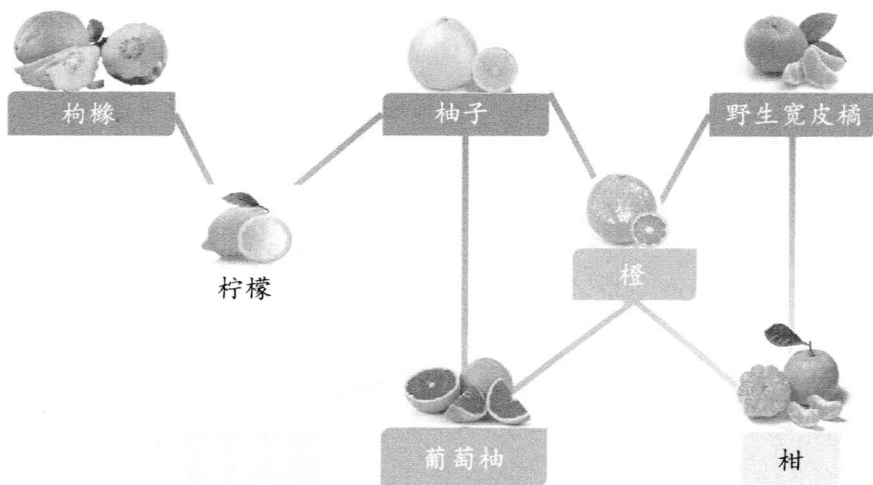

图1　柑橘类水果关系

首先，它们拥有"祖先"地位的枸橼、橘子和柚子。橘子和柚子都是我们熟悉的水果，枸橼在日常生活中可能不常见到。从它的剖面图可以看出，它的果皮很厚，果肉极少，因此并没有被我们作为食物食用。它有一种变种叫作佛手，同学们可能会在果篮中见过它。

其次，是这三者之间杂交产生的品种：橙和柠檬，如图2所示。

图2 杂交水果

橘子、柚子杂交产生了橙。枸橼和柚子杂交产生了柠檬，常常被添加到果茶饮料中。

最后是后代水果与亲代杂交（回交）产生的结果：葡萄柚和柑。葡萄柚是橙和"亲代"柚子杂交产生的。起初我以为葡萄柚只是颜色较红、外形较小的柚子，历史上人们也曾认为它是柚子基因突变的结果，实际上它与柚子既不是同一物种，也不是基因突变的产物。它成熟时挂在枝头的样子很像一串串葡萄，因此被叫作"葡萄柚"。柑是橙和"亲代"橘子杂交产生的后代。柑可以指代的芸香科水果非常多，如蜜柑、金桔等都被称为"柑"；此外橙也有一个别名叫作"柑"，但它们完全不是同一种水果。这里橘和橙杂交的后代柑指芦柑、贡柑。

如此多样的杂交关系，背后也遵循一定的规律。研究人员发现，柑橘类水果杂交后代的大小会偏向于较小的亲本；后代果实的形状会取中间值，和双亲都有些相似；后代的糖含量会取中间值，而酸度会偏向更酸的一方。

以上介绍或许能帮助我们粗略地了解常见柑橘类水果的杂交关系。其实，严谨地说它们之间的杂交关系远没有这么简单。正是这些复杂关系，使我们可以见识到这些大小各异、酸甜可口的果实。不仅是柑橘属，其他植物之间也有很多我们暂不知道的关系。生物界还有很多有趣的事情，等待着我们去发现。

教师点评：柑橘属的果实如此相似，与我们学习过的物种概念是什么关系？这是一个对科研工作者都有挑战意义的问题。它们的果实种类非常丰富，厘清它们的关系又是一个具有挑战的问题。有敢于挑战的勇气，又能通过细致入微的工作解决问题，宇琪做到了，且完成得很好。很了不起！

pH对绿萝生长的影响*

我将为大家介绍我们生活中一种十分常见的植物——绿萝。绿萝是个好东西，观赏性强，易培养，在许多家庭里都能看到绿萝的身影。

绿萝是天南星科麒麟叶属植物，主要分布在澳大利亚、马来西亚、中国等地。绿萝常攀援生长在雨林的岩石和树干上，缠绕性强，气根发达。值得一提的是，还有另外两种常见植物也属于天南星科——马蹄莲和滴水观音。马蹄莲和绿萝外观十分相似，常被错认为绿萝；滴水观音更被大家熟知，这种植物的汁"水"是有毒的。事实上，包括绿萝在内，大多数天南星科的植物都是有毒的，所以绿萝是不能吃的，尽管它长得像菜叶子，看起来能吃。

绿萝大致可分为3种：青叶绿萝、黄叶绿萝（黄金葛）、花叶绿萝。从外观上来看，绿萝大部分是翠绿的，叶片上通常有不规则的黄色的小斑块。叶片的形状是不对称的卵形或卵状长圆形，前端短渐尖，基部呈心形，稍粗，两面略微隆起。

绿萝的养殖看起来很简单，只需将它放入培养液中即可。然而，培养液对绿萝的生长有巨大影响。以培养液的pH为例，下面通过一个实验来观察培养液的这一性质对绿萝生长有何影响。

1.**实验材料**

生长状态良好、大小相似的绿萝6株，3个大小相同的玻璃杯，白醋，食用碱，水，pH试纸，如图3所示。

---

*分享来源于320班计长源。

图3　实验材料

2.实验步骤

（1）将三个玻璃瓶中加入等量清水，暴晒1天（去除残氯），分别标号A、B、C；

（2）向B中加入适量白醋，使B中溶液pH=5，向C中加入适量食用碱，使C中溶液pH=9（pH不应过大或小，否则会影响实验结果）；

（3）在三个玻璃瓶中分别放入绿萝2株并固定；

（4）在相同的适宜条件下培养6株绿萝；

（5）10天后取出绿萝，观察绿萝生长情况。

3.实验现象，如图4所示

开始从左到右依次是A/B/C瓶　　　10天后从左到右依次是C/A/B瓶

图4　实验现象

4.观察结果

通过观察可知，绿萝在弱碱性或中性培养液中生长情况良好，根系生长；在弱酸性培养液中无法正常生长，叶片发黄并下垂，茎发黄，根不生长。

5. 实验结论

培养液pH对绿萝生长有影响：酸性培养液不利于绿萝生长，碱性培养液有利于绿萝生长。

除了pH，其他的环境因素也会影响绿萝生长，所以在绿萝养殖过程中，还有一些注意事项。如光照，绿萝可在室内向阳处四季摆放，但禁止阳光直射；温度，只有室温在10℃以上时，绿萝才可以安全过冬，室温在20℃以上时，绿萝可以正常生长，同时还要避免温差过大。

绿萝有很多作用，如吸附杂质、净化空气等。绿萝可以很好地美化居住环境。此外，绿萝的"坚韧善良""守望幸福"的花语，使人们在种植绿萝时多了一层期待。最后，希望大家在生活中多观察，发现绿萝的美。

　　教师点评：选择绿萝作为实验材料是个天才的想法！绿萝生命力强，可在水中直接培养，只需直接改变水中pH就能很好地进行自变量的设置；绿萝生长不需要根，因此无关变量更好控制。另外实验现象明显。如果再增加一组pH更低和更高的实验组，这就是一个绝妙的实验探究！

合欢花[*]

合欢花总能引起古人美好的观感，如《江城子绣香曲》就曾这样描写合欢花"吐尖绒缕湿胭脂。淡红滋，艳金丝。画出春风，人面小桃枝"。

现在，我们从三个方面具体了解合欢：叶子、花、果实。

一、合欢树叶

合欢树叶从形态特征上来说属于二回羽状复叶。总叶柄经过分裂形成羽片，羽片再进行一次分裂形成小叶。此外，合欢花属于含羞草亚科，其叶夜晚闭合。

---

　　[*]分享来源于317班钟秋立。

二、合欢花

1.整体的花序

合欢花属于头状花序，若干花序分支都生长在一个总花柄上。而每一花序分支都是由8～10朵小花所构成的。

2.一株花的分析

一花序分支中有8～10朵花，有主花与副花之分，主花与副花的形态结构有明显的差异。

无论是主花还是副花，都有基本的形态结构。但是，主花与副花之间，又存在着明显的差异。大致有以下三点：

（1）主花雄蕊高于雌蕊，副花雌蕊大致与雄蕊齐平。

（2）主花花冠长于副花花冠。

（3）主花雄蕊比副花雄蕊短，主花雌蕊与副花雌蕊长度大致相同。

三、合欢的果实

合欢属于豆科植物，荚果呈带状，长9～15厘米。每一花序分支上的每一朵花都能结出荚果。理论上说，一支花序分支能结出8～10个荚果。但是实际上，最终结出的荚果只有4～5个。嫩荚中的豆粒是绿色的，老荚中的豆粒是黑色的。

我曾于9月22日前后分别在学校和采石延园拍摄合欢花，发现学校的合欢花拍摄时仍花开满枝，而采石延园的合欢花，拍摄时所有荚果都已成熟。同样，学校里的合欢树花期延长到了十月，而采石延园的合欢花期在六七月。

由此产生了一个问题：导致合欢花花期不同的因素有哪些？

猜想一：土壤。由于合欢树根部有根瘤菌，能改良土壤，因此对土壤的要求不严，耐贫瘠土壤。故此猜想被排除。

猜想二：温度（有可能）。合欢性喜光，喜温暖。学校合欢树得到的光照更充足，生长环境温暖；采石延园的合欢树位于市郊山区，生长环境较为阴冷。

猜想三：两处合欢品种不同。学校中的可能为观赏性的合欢，采石延园的为野合欢。为了满足人们的观赏需求，学校里栽种的合欢花期较长。但是，由于无法明确两处合欢的品种，这也只能是一种猜测。

四、小结

通过对合欢的花、叶、果实的观察，我得以较为全面地了解这一树种。希望自己以后置身于大自然之中时，也能多多观察动植物，用心感悟自然界的魅力。

教师点评：对合欢全面、有序、准确的观察，细致的分析，理性的推测都做到了极致。谁能想到这是一个文科女生做的呢？所以学生的潜力远超我们的想象，他们天生就是一个博物学家！只要我们为他（她）提供机会。

致小虎子*

一、相遇与离别

这个故事不长。

天朗气清，惠风和畅。在一个风和日丽的早上，我们在学校广场的香樟树下遇见了一只青翠欲滴、肉乎乎的小虫子。起初我们以为它已经死了，因为它趴在那个小角落里，一动也不动。戳了戳它后，它却又缓慢地蠕动起来。于是同学R很是欢喜地用树叶把它挑起来，准备送给生物老师研究（饲养），但很可惜我们扑了个空。所以，我们就干脆把它带回了教室，又寻了一些树叶（后来同学R又找了桑叶）把它养在了教室里。也不知出自哪位之口，可能是因为虎有大虫之称，也可能是因为某知名数学老师的名字里有个

---

*分享来源于317班孙茹玉。

"虎"字。不过一节课后，它便拥有了一个名字——"小虎子"。总之，"小虎子"就此诞生，我们也就这么称呼它了。小虎子很受同学们的欢迎，一下课就有很多同学围在桌旁观赏它的"威武雄姿"。可惜好景不长，没一两天，小虎子开始逐渐"颓废"，行动也是越发的缓慢，基本就不再动弹了，我们发现它总是往角落里钻，趴在那里伸长了"脖子"，左三圈右三圈，脖子扭扭屁股不扭的。凑近了看，我们发现它的周围有一层又一层的细丝，像是蚕丝，却又有着些许不同。我们纷纷开始猜测小虎子的真实身份。有的说它是蚕的变异品种，有的说它是蚕和青虫杂交出来的，各执一词。

后来小虎子开始变身了，仅仅是过了一夜就大变样，不再青翠欲滴，也不再肉乎乎的。形状就像一片卷起来的香樟树叶，但却是绿中透着黑色。过了好几天都没什么动静，与死了一般无二。我们都觉得又伤心又自责——如果我们没有把它带回教室，它应该就会顺利长大吧？

二、悼念与探究

怀着悲伤的心情，我在百度上搜索了很多有关"青"虫的照片和资料，总得给小虎子一个交代吧……经过我的不懈努力，总算是在万绿丛中找到了一种和小虎子最相似的动物——那是一种蝴蝶的幼虫。

我对照了这种蝴蝶的文字描述，一切都与小虎子的形态相吻合。我才知道，原来小虎子若能破茧成蝶，会成为美丽的蝴蝶。

三、今生与来世

樟青凤蝶，听上去就和当初我们发现它时的情景对上了。当我在百度上找到小虎子的真实身份时，内容简直惊艳到我。这还是我的小虎子吗？

樟青凤蝶是鳞翅目凤蝶科青凤蝶属的一种蝴蝶。初龄幼虫头部与身体均呈暗褐色，但末端白色。其后随幼虫的成长而色彩渐淡，至4龄时全体底色已转为绿色。胸部每节各有1对圆锥形突，初龄时淡褐色；2龄时呈蓝黑色而有金属光泽；到末龄时中胸的突起变小而后胸的突起变为肉瘤，中央出现淡褐色纹，体上出现1条黄色横线与之相连；气门淡褐色；臭芡淡黄色。

即将化蛹时体色为淡绿色半透明。我们发现小虎子的时候它就快化蛹啦！成蛹时，体色依附场所不同而有绿、褐两型。蛹中胸中央有一前伸的剑状突；背部有纵向棱线，由头顶的剑状突起向后延伸分为3支，两支向体侧呈弧形到达尾端，另1支向背中央伸至后胸前缘时又二分，呈弧形走向尾端。绿色型蛹的棱线呈黄色，使蛹体似樟树的叶片。不知是哪一环节出了错，小虎子成蛹时的样子略显不同。这也是我们至今仍对其"身份"抱有一丝疑惑的地方。

资料显示，越冬代蛹期90天左右。破蛹成蝶后，成虫的翅展70~85 mm，翅黑色或浅黑色。前翅有1列青蓝色的方斑，从顶角内侧开始斜向后缘中部，从前缘向后缘逐斑递增，近前缘的1斑最小，后缘的1斑变窄。后翅前缘中部到后缘中部有3个斑，其中近前缘的1个斑白色或淡青白色。

雄蝶后翅有内缘褶，其中密布灰白色的发香鳞。前翅反面除色淡外，其余与正面相似。后翅反面的基部有1条红色短线，中后区有数条红色斑纹，其他与正面相似。有春、夏型之分，春型稍小，翅面青蓝色斑列稍宽；外缘区有1列新月形青蓝色斑纹；外缘波状，无尾突。

真的是"虫大十八变"啊！

四、思考与总结

小虎子的故事告诉我们，观察和研究需要时间和耐心。如果当时我们能等它过了蛹期，或许小虎子的一生，便不是以悲剧结尾。

在此，谨以此文，向小虎子致敬，表达我最沉重的哀思。为小虎子的一生，郑重地画上句号。

若来世再遇见我（们），愿能和你一起平安长大，破茧成蝶！

教师点评：一次课下，几个女生一起蜂拥到讲台，她们那等不及的样子，兴奋的眼神，我一直记得！原来她们发现了一种奇怪的翠色小虫，一只即将成蛹的凤蝶幼虫。我就让她们好好观察。两周后，她们眼睛红红地来说，小虫死了。于是她们就写成了这篇伤感的观察记录。虽没观察到最美的化蝶，有些遗憾，但她们从兴奋到伤心的眼神，自责的倾诉，也许就是这次观察的最大收获。

不断拓展事业发展的宽度

一、和学生一起进行科学研究

马斯洛认为人类的需求分为基本需求和成长需求，其中后者的最高层次是自我实现需求。高中生选择一门学科进行创造性学习，达到别人无法企及的高度，就是自我实现的一个重要过程。

初中任教期间，受教研员吴启明老师嘱托，我决定尝试指导学生科技小论文的创作。1992年，我们研究的第一个课题是校园植物暑期虫害的调查。那个暑假我和孩子们一起每个星期把校园中的植物害虫调查一次，按种类数量进行统计，并给学校预防虫害提出了合理的建议。这篇科技小论文在全省评比中获得了一等奖。

2000年，我带领学生到上海参观时，学生对上海的绿植感到十分惊奇，于是我和他们就想到是不是也可以在我们的城市推广这样的科学绿植呢？带着这样的思考，我指导同学们对上海城市绿植特色进行了广泛的调查，并且把它与世界水平的绿植进行了对比。然后对现代城市的绿植进行了全面的思考与总结并提出了自己的设想。最后，写成了科技论文《现代城市绿植的调查与设想》，该文获得了全国中学生小小科学家发明奖的提名奖。

2004年我一直在设想能不能提出一个中学生可以参与的与高中生物教材中内容紧密结合的课题。我每次回老家总要经过一条已经修建了30年的山边公路。两旁的山体塌陷、凸起处处可见，路边的植被也各有不同。为什么有这样的植被差异？为什么有这些塌陷？这些植被显然与群落的再生演替有关，而这些塌陷，则与地质及植被的再生有关。这是一条小小的山区公路，而我们国家正处于飞速发展中，公路的修建一定是一个大发展时期，能不能从生态学的角度对修建公路提出一些科学的建议？带着这些思考，我和同学们对这一条山区公路进行了长达两年的调查。最终写成论文《公路路基坡度及植被演替调查研究》，该研究获得了《全国中小学科技活动》论文三等奖、安徽省论文一等奖。

这些科技活动锻炼发展了学生的能力，记得在完成实验报告时，学生们夜以继日地工作、思考，自学了建模和设计展板，也让他们对科学研究产生了浓厚的兴趣，甚至很多同学今后的职业都与生命科学产生了关联。

二、我和生物奥林匹克竞赛

能如此强烈影响学生今后人生发展的还有生物竞赛。一位同学说："竞赛不仅仅是为了比赛，为了升学，更重要是从中得到的能力与对科学的热爱。未来我想从事科学研究工作，攻克基础研究领域卡脖子技术，希望所有选择这条路的人能够学有所成。"另一位同学说："不拼一把，永远不知道自己的潜力有多大。"这些同学都说出了竞赛对他们自我实现的亲身体验。

我和高中生物奥林匹克竞赛的缘分纯属偶然。

1989年的全国初中生物竞赛，是谭家桢先生作为顾问一手操办的，当时我所指导的三十几名学生在全省的比赛当中，获奖人数达到了二十多人，且有一半为二等奖，这在学校引起不小的轰动。几年后，由于一位高中老师要到初中来带班主任，这样我就有了去高中任教的机会。

刚接手高中生物奥赛时，由于没有经验，只获得几个省级二等奖，感到羞愧难当。于是我暗暗发誓，一定要把马鞍山二中的生物奥林匹克竞赛带到全省的前列。

通过向安庆一中、合肥一中的同行学习才明白，他们的学生在高中时都会被送到相关的大学去进行专业培训，这让我非常失落，因为我们这座城市没有生物专业的高校。只有安徽工业大学（当时名为华东冶金学院），但没开设生命科学专业。和本校老教师进行交流，他们都一致认为马鞍山不但没有高校这样的天然优势，而且城市人口少，没有人口基数的支持，我们的学生尖子生生源达不到和合肥、安庆竞争的水平。

几年高中生物竞赛的成绩好像也证明了这些悲观的结论，马鞍山二中在学科竞赛方面有先天的不足。在沉寂了一段时间以后，我仍然没有死心，第一次初中生物竞赛的成功一直在激励着我。会不会是这些学生兴趣还不够呢？会不会是我的能力还有待提高呢？也许我再努力一把，学生的成绩就会提高呢？我们的城市虽小，但总有一些特别优秀的尖子生吧，万一我遇到了呢？如果我也能给我的学生进行高校教材的培训，培训效率会不会更高？如果我让自己的培训能力和高校教师不相上下，这样成功的机会也并不是没有呀！

于是我告诫自己，我不能放弃，一定要再试一次！

我找来历年生物联赛的试题，仔细分析它的试题范围。一分析不得了，几乎所有的大学教材内容都有涉及，范围广得不能再广。而大学学习已过去十几年，有些印象的可能只有动植物分类了，当年生物化学也只学了一半，分子生物学还没有学过。要把这些学科都重新拾起，且要达到能够培训学生的水平，简直就是天方夜谭！我终于明白，原来这几乎是一件不可能完成的任务，怪不得以前的老教师在进行生物学竞赛辅导时，都是让学生自学呢！

可这又是我获得成功的唯一路径，我别无选择。

在暑假中我先自学一遍，然后辅导前再学一遍，先《植物学》再《细胞生物学》《动物学》《生物化学》《动物生理学》《植物生理学》《生态学》《生物进化论》《微生物学》。就这样一页一页地看，一遍一遍地记，一天一天地熬，一学期一学期地过。

两年过去了，四月联赛终于来了，我们学生的成绩还排在一二等奖的交界处。到了五月复赛，除了很多二等奖，终于有两人获得了省一等奖。更令人欣喜的是陈晓蕊同学获得了全省第1名，并入选了省代表队！我终于完成了一个看似不能完成的任务！

陈晓蕊同学是我校一位教师的孩子，她的妈妈和我刚好在同一个年级。每每年级教师有活动，她也会参加，我们就会一起边吃饭边学习边讨论高校教材。从五月初到八月底全国生物竞赛的那四个月，我们几乎每天都在一起学习讨论。

2001年8月16日～22日，第十届全国中学生生物学竞赛在西安陕西师范大学附属中学举行，陈晓蕊同学获得全国一等奖，并入选国家集训队。这是安徽省代表队历史上第1次获得全国一等奖，并且第一次入选国家集训队。

终于把生物奥赛带到了全省的前列，我没有食言！为了这一目标，我用了整整5年的时间。

到2009年，我的学生几乎包揽了省代表队（四人中的三人）。第十八届全国中学生生物学竞赛又在西安交通大学附属中学举行，我的学生共取得了一金两银的优异成绩，王飞同学又一次进入国家集训队。

2012年，在我校举行的第22届全国中学生生物奥林匹克竞赛中，我的学生又获得了四枚金牌的优异成绩。至此，我们学校的生物奥林匹克竞赛成绩在安徽省首屈一指，在全国也产生了一定的影响。

三、收获一定比遗憾多

十六年来，几乎每一届都有学生进入清华北大生命科学学院，不但圆了学生科学梦想，更为祖国未来生命科学研究推送了一批人才。

十六年的生物奥林匹克竞赛经历，我选择了一条最艰难、最笨拙的道路，虽然头发掉了很多，视力降了很多，牙齿松动了许多，但也让我不断挑战新的高度，不断成功。由于城市较小，尖子生较少，因此并没有实现我冲击国际金牌的梦想，这也算是一种人生遗憾！但是我也全力去追求过，可以说没有遗憾。

十六年的生物奥林匹克竞赛经历，和每届参加竞赛的学生都建立了亲人般的情感。每年生日的那一天，陈晓蕊同学都会寄来问候的书信或发表的科研成果，20年来从未间断。2014年的暑期已经大学毕业的生物竞赛辅导班的同学，他们从不同的学校相约在一起，在负笈海外之前，集体给我过了一个特别的生日，让我终生难忘。作为教师，我不知道还有什么样的幸福能超过这样的体验。

经历了多年奥赛的磨炼，我对高校教材已经十分娴熟，这至少在我今后的高中生物教学当中，能随时审视生活中生命现象，当我联系生活能做到信手拈来，而不会出现科学错误。这是一般的教师很难达到的境界，很庆幸我也做到了。

从某种角度来说，生命中所有的努力都不会白费，教师的职业技能发展亦是如此。如果我们职业技能发展得更广，便会相互成就，其受益会让你意想不到！如果能把高校教材做到十分熟悉，那么我们对中学教材的理解自然达到高瞻远瞩，进行中学生物学教学，自然游刃有余。我常对年轻教师说，辅导学生进行生物竞赛将是成长非常必要也非常重要的途径。

衷心感谢十六年痛苦磨砺的日子，它让我的教学课堂发生了蝶变。这是做竞赛之前怎么也没想到的惊喜。更重要的是对学生产生了影响。试想那些过关斩将从几十万中学生当中脱颖而出的孩子，能参加省队和国家集训队，这会激发强大的内驱力，对他们的学习信心产生巨大的激励。所以我们也常常可以发现，那些在竞赛中获得成功的学生，无论是将来在高考中还是今后在大学的学业当中，基本上都表现出优秀的学习潜力。除了他们自身的天赋之外，更重要的是他们获得了一种信心支撑，让他们更加自信地去面对更复杂的学习。这是一名教师最大的欣慰，具备更多成就学生发展的能力，就是教师的事业！

做纯粹的教育

做一个热爱生命的观察者
——获得成长的力量

一、曾与观察的美妙失之交臂

著名道士邱处机曾住在北京长春宫数年，于公元1224年寒食节作《春游》诗云："清明时节杏花开，万户千门日往来。"几百年后，竺可桢先生由清明时间北京杏树开花推测那时北京物候正与北京今日相同。这就是观察的力量！这是我在大学时期就读到的一则信息，于是我就暗下决心，今后一定要向竺可桢先生学习，也要做长期的物候观察。

观察就是人在感知活动过程中通过感觉器官准确、全面、深入地感知客观事物特征的能力。观察力是人类认知能力的重要组成部分。人们对事物的认识程度、水平，与这种能力的强弱有很大的关系。观察能力是人与客观世界直接接触并发生交流的唯一通道，是人类最基本的能力，人们从外界所获取的信息80%以上来源于观察。其次，观察是人们区分事物的一般特征，发现事物的本质特征，提出新问题，进行创造的一个重要条件。一切科学实验，科学的新发现、新规律，都建立在周密、精确、系统的观察基础之上。

观察力如此的重要，可惜由于工作压力大，时间紧，2012年之前，我曾一度将观察抛之脑后。

二、学生观察力的培养有很大的空间

一位文科实验班学生做了《校园四季》的演讲。她热爱自然，乐于记录，拍了很好的照片，并精选了四组：红花酢浆草、夏荷、秋天朴树、冬天雪松。尽管照片很用心、很美，但她只能说出荷和雪松，介绍的内容十分干瘪。她拍到一片空寂的树林，可惜不知道是什么树，有待查询。其实在这张照片的一角，我分明就已看到樟树的枝叶。她介绍了三张关于荷叶的照片，有的有花，有的没花。我问："你看出三张荷的照片上的荷叶颜色有什么不同吗？""啊？"她惊奇地叫了出来，"有不同吗？""很明显啊，无花时荷叶黄绿，有花时已蓝绿。"很明显其观察的全面性、深刻性都远远不够，自然也就谈不上客观，甚至是准确。

三、最好的学习方式来自一次与蚂蚁的相遇

2012年后，我不再从事竞赛班的教学，一位竞赛班的学生临别时对我说："老师你从事竞赛辅导多年，熟悉大学教材的全部内容。现在只带非实验班，你一定会感到不适应。"我知道这样的说法很有道理，因为非竞赛班的同学思辨能力、提出问题的深度都稍显逊色。但是，在竞赛班，从知识的难度来培养学生，适合的对象只是几位参加竞赛或者智力超群的学生，这不是正常的教学目标，正常的教学目标应该是针对全体学生。我认为，只针对少数学生的教学，不是最好的教学。

在我学习生物的过程中，印象最深的一次经历，不是在课堂也不是在实验室，而是在野外。那时我看到水泥墙上有一队蚂蚁，它们正有序地来来回回，我突然很好奇他们的行军路线是否有序？于是我在他们的行军路线上放上一根细木棍或一块小石子。这并不能阻断他们的行军秩序，他们会爬过木棍或越过小石子。但是，我用木棍在他们的路线上来回画几次，结果行军的蚂蚁秩序大乱，仿佛我画出的不是一条无形的线，而是一座深陷的关隘。它们会在我画出的缺口处来回地徘徊，直到有一只勇敢的蚂蚁越过了那个缺

口，其他的蚂蚁才紧追其上，通过那道我画出的关隘。那是我记忆最深刻的时候，即使过去了这么多年，连那时旁边的一棵乌桕树半红的样子，我都印象深刻。那是我学习生物最快乐的时刻，无疑，也是我们学习的最好方式。

能否将自己已有的观察经验用于教学？当然可以，如在学习信息技术时，我和同学们分享了自己的经历，大家都睁大了眼睛，饶有兴趣地听我叙述自己的野外实验。那一刻我相信，至少我在用自己快乐的时刻感染学生。但过去的观察结果是有限的，如果我的观察经验足够得多，那么我在教学当中需要时，就可以信手拈来。

我首先想到的就是从古人的观察中借鉴。我借来古诗词中的动植物，在其中仔细寻找发现：千百年来中国的诗人们对动植物的观察都不够深入，大多是为写人的一种比拟手法。其观察的客观性大打折扣，其中让人留下深刻印象的，只有王维等少数诗人对动植物的精心观察。

四、观察带来一个全新的生命教育空间

歌曲里唱道："三月桃花亓。"但这是指阴历还是阳历？是江南还是江北？是平原还是山中？这些只有通过细致的观察记录才能得出答案，江南的蔷薇科植物花卉繁多，桃李笑春风，杏花枝头春意闹，千树万树梨花开……我们身边的春天花开究竟是怎样的一个过程？这些美丽的诗句都是一些片段。怎么让学生构建出江南春天整体花开的过程？通过观察你就会发现这些美丽的花朵在春天的开放有自己特定的时序。最先开放的是梅花，然后是杏花、桃花，再然后是樱花，等樱花开完的时候梨花就会登场，当然最后登场的就是那著名的海棠了。海棠花开是春天结束的标志，所以即使浓睡不消残酒的李清照，仍试问卷帘人："知否，知否？应是绿肥红瘦。"

从他们的开花时间看，每一种花最多不过两周，但正是它们的次第登场，让江南的春天芬芳有序。在长期的进化过程当中，这也很好地实现了这些植物间的生殖隔离和生态位的分化。

如果你细心观察，不仅春天的花朵如此纷繁。当你站在春天的楼顶，俯视路边的一株株樟树，他们的叶色都略有不同，从紫红到微红到黄绿。生命

就是如此的丰富多彩，但需要你有足够的耐心去观察。

如果你想观察，随便走到哪里，都可以开始。可以停下脚步，观察路边的蚂蚁，也可以在初夏的草地捉一只蟋蟀，用夏天的西瓜皮养着他，看着他长大，或是在下雨之前，去看一看水面急驰的水黾，或找一处静水，看一看夏天的蜻蜓。

2017年夏天，在一处人造景观的溪流中，突然出现了多种蜻蜓，有烟灰色的灰蜻，有美丽的赤蜻，还有喜欢成群飞舞的黄蜻，有身材纤细的豆娘也有壮硕的碧伟蜓。一条由自来水和雨水冲刷的人造小溪，突然在那个夏天就变成了蜻蜓的乐园。那是一个美好的夏天，我每天午后待在那里，或从岸边，或从水面，给各种各样的蜻蜓拍照。虽然晒得如田间老农，但是乐而忘返。我幸福的憧憬着，在以后的每一个夏天，我都有一个美丽的蜻蜓世界。我大致推算了一下，蜻蜓大量出现的时间正好是这条人造溪流出现的第5年。但后来这种美丽的景象没再出现过，大抵是人造溪流的缘故吧。唉，如果是一条山间的溪流，我想那个美丽的蜻蜓乐园应该年年都会出现，那该是多么美好的一条溪流啊！那该是多么美好的一个世界！

学校搬至新址后，校园内的河流成为我观察的乐园，最先吸引我目光的是小䴙䴘。那是一年的寒冬时节，快要过年了，空中时不时地传来人们欢庆的爆竹声。吓得几只胆小的小䴙䴘猛地躲到水里，再露出水面。他们就这样，一会儿躲到水里，一会露出水面，如果忽略鞭炮声，你会以为他们是在做游戏，其实他们真是被鞭炮吓得可怜的小䴙䴘。如果没有鞭炮声，在冬天的最冷时节小䴙䴘会安静地躺在冬天的阳光里，把翅膀微翘露出里面白绒绒的毛，那是它在惬意地吸收太阳的温暖。若再冷些，河面结冰了，雄性小䴙䴘便会准备求偶。他们会叼起一条银白的小鱼，在口中不停地翻转，让小鱼在阳光下闪着光，但是就是不把小鱼咽下去，久而久之你也看懂了，它们是在炫耀。不，准确地说是在吸引雌性的小䴙䴘，因为他们要把这一条小鱼当作聘礼，送给雌性。

许多年以后偶有鞭炮声响起的时候，这些小䴙䴘不再躲到水里，看来他们已经学会了适应新的环境，知道鞭炮声并不是伤害他们的猎枪。

河中还有一种美丽的鸟，那就是红骨顶。它们有鲜红的骨顶，黑白相间的羽色，只啄食绿萍为生。它们胆小而喜欢藏在荷叶之间，很像古代的隐士。后来从观察中得知，这种美丽的鸟之所以现在变得很常见，是因为城市的建设使很多的水域被污染，而只有被污染、富营养化的水才会导致绿萍的发生。我们校园的这条小河也就属于一条富营养化的河。也好，至少可以让我近距离观察这种美丽的鹤属鸟类。其中有一个家庭，我连续观察达8年之久，同学们经常都会看见我在河边流连的身影，所以他们也经常来到河边，观察"忠文鸭"。从此，在我们校园河边观察红骨顶，成为一道独特的风景。

只要你连续地观察一种生命，你就会发现他们生活的不易。如冬天的河面没有了绿萍，红骨顶就会把头伸进水里，挖出水草的嫩芽充饥。冬天的湖面只有几片枯荷，所以学校决定清理河面的枯叶，我建议给鸟儿们留一片枯荷，好让他们在冬天多一点点涩暖。

五、观察让课堂变得丰富多彩

1.每一个证据都是鲜活的

每当学习生长素一节时，我都会向学生介绍一次养水仙的经历。有一年冬天由于没有经验，我把一盆纤细水仙养成了一丛粗大的"大葱"。由于茎叶过于繁茂，他们不能在盆中直立，于是每天晚上我就把它靠在我家的墙壁上。但奇怪的是，每天早上起来，仿佛被夜晚的墙面推了一把，那一丛"大葱"总是倒伏在桌面上。于是，在同学们好奇的眼神中，我们开始了新的学习。

你知道校园里樟树的叶色有差异吗？春天的樟树叶有深红、浅红、赭黄、浅绿。这让同学们都大吃一惊。乌鸫会在-13℃的冬天冻死，没有樟树果它们会饿死，但有一些樟树果会被乌鸫哄抢，有的樟树上果实静静地挂着，却无鸟问津。如果你愿意尝试，果的味道也各有差异，可见生物的性状各不相同。

学校某墙角的一处裸地，先被地钱占领，又被更高的蕨类霸占。可园丁用割草机除去蕨，这片裸地又被地钱占领。原来土壤不是重要的，演替时最重要的是植株的高度。

2.每一个探究都是生动的

记得红骨顶特别多的那年，半亩大小的河面拥挤了近30只红骨顶。这么多的红骨顶，肯定不会都能找到巢区，我就设想可否人工添置一些浮排，作为它们的巢域？

课堂上一些同学纷纷提出建议，我也准备在第二年把设想付诸实施，可接下来的事谁也没想到。第二年水面上的绿萍明显减少，河里的红骨顶数目也迅速减少。原来河流也在不断进行演替，今年能长出很多的绿萍，并不代表明年仍然能长出绿萍。有时我们自认为对于自然有深刻理解，但我们对自然的认知往往是片面的。

自然与生命充满了未知，也充满了神秘。多好！我们的观察由于自然的变化永远充满趣味。如果愿意不断观察，就可以给我们的课堂永远补充鲜活的素材。

每到隆冬路边的女贞树就硕果累累，哪怕是大雪压枝，树叶枯黄，依然果实乌青、果梗暗红。女贞子是一味中药，是许多鸟儿都不喜欢吃的，所以到了隆冬，它们依然挂在枝头。你观察就会发现，每到春秋女贞树下都会生出许多幼苗，但是很快都会死去。显然它们也不想就此枯萎，于是落在地下成幼苗。

是不是这些挺立在枝头上的女贞种子是在等远方的鸟儿，把它们带到远方去？完全有可能，因为每年到了大雪纷飞的时候总有椋鸟集群来到城市过冬，他们在这城市白雪茫茫的时刻，唯一的果实大概就是女贞了。

我忽然想到这完全可以用一个实验来进行证明。我找了两类种子，一类是鸟类粪便中留下的种子，另一类是挂在枝头上仍然完好的种子，我把它放在同一块地里，在春天各播20颗。被鸟儿吃过的种子萌发出了13颗而未被鸟儿吃过的种子只萌发出了5颗，被鸟儿吃过的种子萌发率竟然高出这么多。

在下一个冬天，我把我的实验设想告诉全体学生，希望他们也能因此去观察女贞和椋鸟，让他们去体会最好的学习乐趣。作为一名教师，这才是观察的最高目标。

课堂上关注核心素养就是关注学生的未来

爱因斯坦曾经说过:"什么是素质?当你把在学校学习的知识忘掉之后,剩下的就是素质。"这是说素养会对学生未来产生影响。因此,关注核心素养的课堂就是关注学生未来的课堂。那么课堂教学中,我们应该怎样去关注核心素养呢?

一、核心素养的结构是培养途径的依据

新课标中的核心素养主要包括生命观念、科学思维、科学探究和社会责任。按其与生物学科的关系可分为:所有学科共有的科学素养,如科学思维、科学探究、社会责任;生物学科特有的学科素养,如生命观念。

核心素养的建立要以生命科学的概念系统为基础。生命科学的概念系统不仅能培养生命观念,还能培养非生命科学特有的科学素养,即培养其科学思维和科学探究能力等。

在建立生物学科概念系统、培养生物学科特有核心素养的过程中,科学思维、科学探究也起到了重要的支撑作用。所以,这两类核心素养之间关系为相互依存,相互促进。

二、以新理念指引培养核心素养的具体途径

生命科学教育的目的是由事实概括出概念，再构建核心概念，从而建立生命科学的基本概念系统。这一基本概念系统是形成核心素养的基础。由此建立世界观层面的生命观念（科学的世界观），并由科学的世界观指导其社会行为，实现科学决策，使学生能承担起社会责任。

（一）以事实概括出概念

如细胞学说、细胞膜结构与功能、ATP 是能量"货币"等概念都是先呈现事实，再概括出概念。下面我们就以光合作用原理概念的建立来说明这一过程。

以前教材是把所有重要的实验进行罗列，而新教材对这些实验进行删减，萨克斯的实验等不见了，特别增加了希尔实验。为何这样编排？希尔反应是叶绿体在无二氧化碳的条件下产生氧气、还原剂的过程，暗示光合作用可分为无二氧化碳参与的光反应和有二氧化碳参与的暗反应。这就很好地说明了为何光合作用分为两个阶段。再通过关于光反应、暗反应的系列实验，进而得出两个阶段的反应物和产物。这样就自然理解了光合作用的原理。

通览全书，这样的实例不胜枚举，几乎每个重要的概念都能按这样的逻辑展开。这样建立概念过程有理有节，清晰有效。

（二）教学中始终关注生命观念

建立世界观是由感知事实开始，止于指导实践。

1.从理解生命现象背后的原理、规律开始

在介绍胞吞时，运输对象是怎样装进小泡的呢？学生很好奇！我会先介绍一种长腿蛋白（也叫成笼蛋白），三条"长腿"约成 120 度夹角，几个这样的蛋白拼接后自然形成牢固的笼状，内侧又有能结合运输对象的位点，成笼的同时包裹了运输对象。这样一个貌似神奇的生命现象，背后却是蛋白（物质）的聚合（ATP 参与）过程，学生自然建立"生命是物质和能量作用的结果"这一观念，即物质与能量观。

所以，培养生命观念，先要在课堂上将所有生命现象拆解，用大量的事实佐证，再运用归纳推理，学生才能相信"结构与功能相适应""生命与环境相适应"的观念。

2.运用生命观念指导实践

相信某一观念并不等于能将其应用于指导实践。只有某一观念反复应用于指导实践时被证明是正确的，这一观念才能转化为世界观。这就需要我们在课堂上（甚至课外）设置新情境，让学生有运用生命观念指导其行为的机会。这样才能达成生命观念的形成。

一次大雨之后，教室飞进几只白蚁，有的学生被惊吓得躲藏到桌下抽搐。教师大声说："这是雄白蚁，不会咬人！"可这对学生的惊恐无济于事。我们该怎么办？教师可以徒手捏住一只，学生立即安静下来。接着说明，这是婚飞的雄蚁，是很多动物的食物，不会咬人，因为白蚁的进化对策是由兵蚁承担防卫功能。让胆大的学生抚摸其柔软的身体，惊讶之余，更多的学生开始徒手拾起桌边的白蚁。这就是教师运用生命观念指导行为决策的范例，通过这样的范例，能更好培养学生的生命观念。

（三）培养科学思维的目标是理解其逻辑原理

科学思维是指能够基于生物学事实和证据运用归纳与概括、演绎与推理、模型与建模、批判性思维、创造性思维等方法，探讨、阐释生命现象及规律，审视或论证生物学社会议题。

简答题得分率低就与学生的科学思维薄弱有关。

1.关注科学思维

教材从来没有像现在这样关注科学思维，这在细胞学说一节体现得尤为充分。

问题一：如果让你提供证据，说明大熊猫和冷箭竹都是由细胞构成的，应当如何获取和提供证据呢？

讨论时，如果只告诉学生答案"应选取不同器官、不同组织分别取样制片观察"，这样科学思维的培养显然不够。我们要从理论上说明观察取证是归纳的起点，也是科学思维的起点。以这样的定位，可以很好地强调取证在科学研究中的重要作用。同时，需对多种组织取样，其原理是近似完全归纳法，让推理的结果更加可靠。这样使课堂教学一开始就聚焦科学思维。

2.理解其逻辑原理

很多学生不能理解孟德尔的假说演绎法的逻辑，以至在学习分离定律后，仍不能说出实验步骤。在学习自由组合定律时，问及怎样运用更是一片茫然。这充分说明培养科学思维不应该是介绍方法、过程的简单处理。

我们可以在学习分离定律时详细说明假说演绎法的逻辑原理，在复习及学习自由组合定律时让学生进行尝试性运用；到摩尔根实验时再次运用，这样学生才能初步掌握。为验证其掌握程度，我们最后设置一个检验的问题情境：摩尔根不是像孟德尔一样只做了F_1测交（相当于正反交），还做了白眼雌雄交配、F_2红眼雌性与白眼雄性交配。结果都与理论结果相符。问学生如果运用孟德尔的假说演绎法需做几个验证实验？

只有少数学生能说出正确答案。如果相信假说演绎法正确，严格说来做一个验证实验，进行一次假说演绎即可。那摩尔根为什么做四个验证实验？有几个学生灿然笑答，那是摩尔根仍在怀疑孟德尔，在采用归纳法来排除自己的怀疑。当然笑得更开心的是老师，因为假说演绎从逻辑上存在巧合的可能，结论存在偶然性；我们的学生真正理解了假说演绎推理的逻辑原理。

学生科学思维薄弱，需要我们处处关注，一点一滴培养。

（四）分步培养科学探究能力

科学探究对一个民族的未来多么重要，不言而喻。而我们的学生探究能力相对不足，哪怕是高三学生，写一个探究方案仍然是最难的事情。目前我们对科学探究能力的培养仍然是随意的、无序的。能否遵循某种顺序，实现更有效培养？我们可以分步完成。

1.借助验证性实验，提高学生对实验的兴趣

教材中所列实验大多为问题、实验、结论已明确的，这样的实验能很好地激发学生对实验的兴趣，让学生熟悉问题、实验、结论之间的关系。

2.分析教材实验，得出探究问题或结论

教材中列出的很多实验中，有的有问题无结论，有的有结论缺问题。我们可以通过这些缺少问题或结论的探究，让学生补上探究过程缺失的环节，明晰探究过程三环节间的逻辑关系。如以细胞核相关的实验得出结论，说出卡尔文循环实验的探究问题与结论。

3.理解对照实验，排除无关变

让学生理解对照实验能排除无关变量的逻辑，进而明确设置对照所排除的无关变量的对应关系，最后学会设计对照实验。如探究过氧化氢酶活性实验，可以用来训练学生怎样排除温度、反应物浓度对实验的影响。学会排除无关变量的影响，自然就理解何为"可探究问题"。

4.让学生尝试问题、实验、结论都为开放的探究

这是探究的最高形式，关键是引导学生提出可探究的科学问题。必须从学生的经验、兴趣出发，如做馒头、酿酒这些与学生生活结合紧密的情境，学生才能提出可探究的问题，"酵母菌有无氧（有氧）呼吸吗？""酵母菌产生酒精的过程属于有氧（无氧）呼吸吗？"。

探究是一个极其复杂的过程。只有按问题、实验、结论的逻辑关系，从重复（验证实验）别人的探究，到完成一个探究的一部分（补上一个探究的问题、实验或结论，让探究难度一点点加大），最后完成一个完整的实验探究过程，是分解探究难度的有效方法。让学生通过单因子变量的原则理解可探究的意义，才能让学生一步步学会完成一个完整的探究。

（五）培养社会责任

社会责任是指基于生物学的认识，参与个人与社会事务的讨论，作出理性解释和判断，解决生产生活问题的担当和能力。作为学生，应能够运用生物学知识尝试解决现实生活问题。

新型冠状病毒来袭，开学的教室里，学生有的戴口罩，有的不戴口罩。老师不妨先和学生讨论一下：教室里要不要戴口罩？有人担心这座城市中某一人意外感染而不被发现，会产生这种情况吗？如果有人感染，很可能会

传给身边的其他人，造成多人感染，多人就医而被发现。如果我们这座城市一直没有发现感染者，在教室戴口罩意义大不大？

利用学生关心的问题，帮助学生利用生物学科概念指导行为决策。

三、培养核心素养需全程关注并摒弃短视

全程关注是指从备课到上课、评价。

有则关于模型的试题，图示上给出了某个动物细胞模型，其上有叶绿体，少了核糖体。题目要求指出图中的错误。这些真的是错误吗？从建模过程看，不是一个真实的问题。因为模型建构是在做减法，叶绿体不可能出现，但少了核糖体不是错误，建模过程允许"删减"核糖体这样的细微结构。所以，这则试题的情境就是错误的，它违反了模型建构的思维过程。

摒弃短视是指不论内容是否会考、高考，也不管课上课下，凡是能促进学生核心素养的内容都是学生终身需要的内容，那就是教学重点，值得我们教师关注。准确地说，课下在学生生活中随时列出的事实说服力更强，对培养生命观念、社会责任的效果更好。

怎样才能更好地关注培养学生核心素养的着力点？首先做一个有核心素养的教师，做到平时多观察、多思考、多应用。培养学生核心素养的前提是对教师的核心素养有更高的要求，也可以说新教材让我们教师努力的空间更大。只有不断提升自身核心素养，处处关注，时时留意，把核心素养的培养放在教育首要核心目标，才能真正提高学生核心素养，实现生物学科育人目标。

让学生提出探究性问题的策略

杜威认为，如果不是把观念（概念）当作解决问题的工具，就不是真正的观念（概念）。如把"地表是球状"读一万遍，也只能产生地球仪这种意象，但一个人站在海边，看见渐渐消失的桅杆，才真正理解。

解决问题的第一步，便是提出问题。

一、问题的提出

为何学生不会提出探究性问题？

让学生提出一个问题很难吗？起初我以为不难，但学生在课堂上的表现却让我痛苦万分，鼓动、启发、诱导，一遍一遍，学生仍一片惊恐和无助。查了一通文献，粗略阅读一番，开始觉得有些错怪了学生。

中学生物课堂大多是教师一人的舞台，提出问题只是教师言谈的点缀而已。且大多是设问，或最多需学生齐答是或不是。从问题的难度看，多是最简单的识记性问题。从初中到小学，这种情形愈发普遍。因此，刚到高中就要求他们提出一个面向自己的问题，而且是一个既要结合现有知识又可探究的问题，可见难度之大。

按照布鲁姆分类法，问题的难度类型由易到难分六型：识记、理解、运用、分析、综合、评价。探究性问题至少属于运用层次，因此要求学生在不习惯提出问题的学习情境中，提出面向自己拔高了两个难度层次的问题，可见困难有多大，难怪学生无助。

二、策略与实施

（一）策略一：以学生自带实验材料熟悉探究过程

探究过程一般有提出问题、作出假设、设计实验、作出预期、进行实验等。这些过程是人们探究一个问题的自然思维过程，学生在初中也学过，由于从未进行实际操作，一直只停留在记忆阶段。如何让学生熟悉并能操作这些环节？学生喜欢做实验，特别是当他们用自己的材料时，更是兴趣倍增。选择实验材料进行实验，本身就是一个"××材料是什么"的简单探究。其思维过程包括：自带材料与教材所用材料可能具一致性，此为实验假设，往前推理便是探究问题；进行实验前存在预期，实验后要观察实验结果。如在检测还原性糖实验中自带材料为马铃薯，实验假设为马铃薯（可能与梨一样）具有还原性糖，实验问题就是马铃薯有还原性糖吗？

可以用必修1中细胞学相关实验进行操练。在每次实验前，可以提前一个星期通知学生，让他们自己准备实验材料。以还原性糖的鉴定为例，展示他们带来的材料，让他们填一个含三个问题的表格：你为什么选择这种材料？实验结果与你预料一致吗？你得出什么结论？此外，为你的实验拟一个题目。这三个问题分别对应问题的假设、对实验结果的预期、实验结论，以及提出问题。通过8个实验的训练，学生对探究的操作过程逐渐熟悉，提出简单的探究性问题也变得轻而易举。

每次实验，在每班实验中拍下最奇特的一个实验现象，如撕裂细胞壁后露出了液泡的玫瑰花瓣细胞，碘液染色后淀粉粒如蓝宝石的马铃薯细胞，把它们打印出来，在各个班级进行循环展示。

通过这些探究成功的成就感，让学生更加积极地寻找新的实验材料，在潜移默化中，让学生提出探究问题的能力得到提升。

（二）策略二：用观察拆解课堂与自然之间的藩篱

探究是起始于现有认知而对实际问题（或学习情境）产生疑惑。杜威认为，教学（探究）过程的开始是学生有一个真实的情境。学生不会提出探究问题的一个重要原因是学生只关注书本，缺少对自然中生命的观察，因此缺少真实经验。相较于教材中的问题，自然生活中的问题更接近学生的真实经验，更能引起学生兴趣。如果能引导学生观察自然，那么学生发现生物学问题的范围就增加了一片广阔天地。但作为一种探究能力，观察能力的培养并非一日之功，也需循序渐进。

1.以记录一个瞬间活动培养学生观察自然的习惯

安排旨在观察一个瞬间的活动：感悟生命摄影展。这一活动在高一开学通知，截止时间为高一学年结灵。要求学生用相机或手机记录一个观察生命的瞬间，并附上一句对这一记录的感悟。

把收集好的摄影作品，交给课代表进行投票，评奖。同时，将获奖作品制作展板，在校园展出。

2.用记录一个生命的过程让学生体验探究过程

从学生高一时开始，选在"五一"长假前布置任务，说明要求；按学号顺序，准备3~5分钟的演讲，留下讲稿文档和PPT文件备整理、出版。演讲时间放在课前，若本节教学内容多，教师可适当将演讲开始时间提前，以确保不影响正常教学进度。

有人关注自然界胖胖的企鹅与海豚，这些胖胖的生命出现都是与环境相适应的偶然。推而广之，每种生命的出现都是进化的奇迹！每一种生命的存在都有不为人知的缘由和意义。有人关注自己常常口腔溃疡，一溃疡就难愈合。红花继木为何嫩叶红色？有人就此提出几种假设，并试图进行验证。表妹睡觉时眼睛是睁着的，为什么？原来这是一种遗传性状。一个学生在准备演讲时才知道：黄豆芽只能收获一次，而豌豆芽却可收割几次。

把学生这些演讲稿，按探究性、严谨度、新颖度三个维度进行评选。选出的文稿由教师附上评价后编印成册。

（三）策略三：教师对学生的提问热情进行引导、示范和保护

以上策略只解决了学生"不会问"的问题，接下来还需解决学生"不敢问"的问题。

最初学生的很多问题是识记水平的，这就需要教师通过评价，始终鼓励学生在课堂、课外提出探究性问题，即引导学生提出探究性问题。

学生提问的习惯来自教师的示范。无论是课堂教学，还是观察自然，教师都应表现为一位爱提出问题的示范者，但少提识记类型的问题。凡有可能，问题要尽量追问：为什么？怎么证明？你怎么评价？如果教师经常能发现一些源于生活的问题，如"怎样让煮熟的鸡蛋壳好剥离""怎样让微波炉加热的牛奶不起奶皮？"；如果教师能发现湖泊植物群落由满是绿萍到长出苦草，这是正在发生演替，并不断和学生交流观察结果。学生耳濡目染，自然成为一个关注自然生命，能提出探究性问题的人。

学生提问的热情来自教师的呵护。不论他们提出的问题是如何刁钻、奇怪，或内容是上课才说过的，教师都应认真且耐心作答。课间不论如何疲倦，都要饶有兴致地讨论任何一个可探究的问题。这一过程不只是在解决一个问题，而是在用行动告诉学生：老师欢迎每位学生提出的问题。

三、体会

经过高一学年的实践，学生最显著的学习特点是特别爱提问题，并且喜欢在课外和老师讨论问题。高二分班学生重新组班后，同备课组的老师也反映，我带过的学生和其他班学生最大的不同就是喜欢提问。在本人所带的高三班级中，每节课间学生的问题不断。学生提出高水平问题的比例明显提升，越到后期，与考试内容无关的探究性问题比例越高。这充分说明，上述策略实施三年后，学生提问热情，特别是提出探究性问题能力有明显提高。

怎样让优秀作业都是新面孔

我们知道鲫鱼体色背青腹白，这与环境相适应。怎样知道学生是否理解"生命适应环境"这一核心观念？老师会说："除了鲫鱼体色，没有第二个事实可供考查。"有一天，一个学生说："我那天发现捕鱼水鸟也是腹部白色。"我在想，如果我再回到初中，一定用捕鱼水鸟来考查学生是否真正理解"生命适应环境"这一核心观念。

考查不出来，是我们的命题能力有限！

布鲁纳讲述了一个杜威先生的故事：先生问一个班级的学生，如果我们在地球上挖一个洞，会发现什么？全班没有一个人回答。他又问了一遍，教室里还是一片沉默。教师打断了杜威先生：你的问法不对。她转向全班同学：地心有什么？全体同学一致回答：岩浆。评价教学和育人的价值，实现从内容本位、学科本位向素养本位、学生发展本位为目标的评价理念的根本性转变，要处理好评价与学生发展的关系。评价不仅要关注学生的学业成绩，更应关注个体的进步和多方面的发展潜能。杜威先生的问题就是一个指向解决问题的评价，一个指向核心素养的评价。

在选修1教学中，我也做了表现性评价的尝试。

传统的标准性评价是以试题形式，对学生的学习结果进行认定，侧重于评价学生对知识的识记、理解。表现性评价是收集有关学生开发成果所经历的过程和实践信息并对此进行评价。对批判性思维、解决实际问题能力这些更高阶的学习成果和对学科核心素养达成的评价中，表现性评价有不可替代的作用。

选修1的内容是一系列的探究实验，重在培养学生探究能力，而探究能力这一核心素养培养得如何，传统的标准试题评价难以界定。实践表明，我们在教学中尝试引入表现性评价，取得了不错的效果。

一、培养学生解决实际问题的意识

纤维素酶中C_1酶能外切出纤维二糖，那么C_x酶的功能呢？学生很快猜出是内切为x个纤维二糖。为何还需C_x酶内切呢？形成更多短的糖链，便于C_1酶来快速外切，所有纤维二糖再被葡萄糖苷酶水解成葡萄糖。微生物对纤维素的利用是如此巧妙，同学们都瞪大了眼。此时，学生一定想拥有这样神奇的酶。我忽然有一个想法，如果你拥有一瓶神奇的纤维素酶，你将怎么使用呢？下节课我们来交流各自的创意。

学生的想法有：①把酶加入食物中，为人提供葡萄糖。②把酶加入蔬菜水果中，使果蔬为人提供更多营养。③把酶加入蔬菜水果中，使果蔬口感更好。④把酶制成野外求生产品，以防野外时食物短缺。⑤用酶来进行木雕。⑥用酶处理农作物根茎叶，提高农作物利用率。减少农作物种植面积，保护环境。同样，如果有葡萄糖异构酶，能将不够甜的葡萄糖变成特别甜的果糖。你能怎样应用于生活呢？

二、培养学生用探究解决实际问题的能力

如在"探究果胶酶活性"一节，温度、pH对酶活性的影响是已知的，酶活性探究实验看似是必修1的内容，其教学价值何在？如果设计一个实际任务呢？我布置学生设计一个探究温度（或pH）影响果胶酶活性的实验方案。

怎样设置自变量？是酒精灯加热还是水浴加热？要不要先将果泥与酶液分别在不同温度下保温，再同时混合？怎样观测因变量？观察每组果汁澄清程度还是测量每组的出汁量？再通过讨论确定如何控制无关变量。用果泥还是果汁？果泥是否要稀释？直接加入酶粉，还是加入用酶粉配成的酶液？是否需要设置对照？我们用了整整半节课的时间，完善实验方案，每位同学全程聚精会神，兴趣盎然。显然，大家都从讨论中获益匪浅。

如在探究加酶洗涤效果时，我又布置学生设计一个探究方案：加酶洗衣粉对环保的影响。怎样确定自变量？选择加入的酶是蛋白酶还是脂肪酶？这需考虑生活中衣服上污渍是常见成分是蛋白质还是脂肪。怎样观测因变量？若比较两类洗衣粉的洗涤效果，是在洗衣粉溶液中直接添加植物油还是选用浸泡过植物油的白纱布？

经讨论后最终确定如下过程：①调查班级同学家庭中每人每天普通洗衣粉的用量，计算我们这座城市每年的普通洗衣粉用量。②通过探究两类洗衣粉的最适用量后，得出两类洗衣粉用量的换算关系。③得出我们这座城市全部改用加酶洗衣粉的用量。④计算每斤减少了多少磷排放？

这一研究任务既关注探究能力培养，又培养参与环境保护的社会责任，学生的参与热情更高。

三、提高学生对研究方案进行认知和评估的能力

如在"DNA粗提取"实验一节，先介绍DNA与蛋白质在氯化钠溶液中的溶解特点，以及高温、蛋白酶、酒精对两者的影响。再请学生设计方案：如何去除DNA和蛋白质溶液中的蛋白质？然后一起讨论四种去除方案中，单独使用时哪种方案效果最差？用酒精，因为还有许多蛋白不是醇溶特性，会随DNA沉淀。考虑其他三种方案中，哪一种方案得到的DNA溶液成分更纯？应该是用氯化钠。因为此方案是得到析出的DNA再溶解，而其他方案得到的溶液中，除DNA外还有多肽或氨基酸（用蛋白酶）及许多其他细胞成分。最后总结出最优方案：先用氯化钠提取，再用酒精提纯。

最后布置周末在家实施最优方案，再将提取的DNA带到课堂，进行交

流。一位同学上台展示时，带了3个试剂瓶，分别装了洋葱过滤液、DNA氯化钠溶液、酒精。展示完毕，他把DNA氯化钠溶液倒入酒精中，立刻出现絮状沉淀，全班响起热烈掌声。

其实可以在家完成的实验还有很多，如观察蘑菇棒上长出蘑菇的过程、通过简单的蒸馏提取植物芳香油、制作腐乳、酿制果酒等。

四、两点体会

1. 进行表现性评价大有必要

在交上来的作业中，表现好的有两类。一类是部分理论基础扎实的优秀学生，但更多的一类是平时作业不认真做的学生，甚至是表现极差的学生。这说明平时作业不认真，很可能是由于练习册上作业的挑战性不够，不能激发这些学生的创造激情。这也告诉我们，单靠练习册上的作业、常规考试，很难全面评价我们的学生。

2. 制定标准丰富的评价方式

在对"纤维素酶应用"方案做评价前，我们先设定科学性、可行性、应用价值三个标准，对所有的方案进行评判，将方案评定出甲、乙、丙、丁四类。

如在对"加酶洗衣粉对环保的影响"的设计做评价时，除引入方案的三个上述标准外，又增加实验自变量设置、观测因变量方法两个易区别的点，并请各科课代表作为评委，由学生参与评价。这不仅使评价的可操作性更强，而且使评价的参与性更强。如从酒精含量、酒体色泽、酒体澄清度、口感四个指标，对学生展示的酿制果酒进行打分评比，这样也丰富了评价形式。最让我惊奇的是在批改"如果你拥有一瓶神奇的纤维素酶，你将怎么使用呢"的作业时，前1/3优秀作业都是新面孔，甚至是以前不爱交作业的学生。

实现科学史教育价值最大化
——以"细胞学说及其建立过程"一节为例

"细胞学说及其建立过程"一节内容分为细胞学说建立过程和细胞学说的意义两个板块，另有引言和细胞学说建立过程之后的两处问题讨论。其中涉及大量的科学史实，是进行科学史教育的典型课例。

一、科学史的教育价值分析

涵盖丰富而系统的科学史，是人教版生物学新教材的重要特点。如何利用好这些材料组织教学呢？先要衡量每段科学史的教育价值。参照历史教育核心素养，结合自然科学特点，我们可以总结出科学史教育价值主要表现在以下四个方面：一是让学生了解科学的发展规律；二是学习科学家的思维方法；三是人文精神的培育；四是让学生理解学科历史对本学科发展的影响。

仔细甄别，在上述四个方面的教学价值中，一、二属于世界观方法论等哲学范畴，三属于人文精神范畴，三者都对学生的终身发展有着极其重要的价值，而四只能促进知识建构，教育价值相对较小。

二、科学史教学中普遍存在的问题

如果孤立地看每段科学史，其知识性质就是一个个陈述性事实。很多教师在教学中，往往只把科学史当陈述事实来处理，从教学价值分析，充其量只实现了上述科学史教育价值。这样会使科学史的教学价值大打折扣。《普通高中生物课程标准（2017年版2020年修订）》实施建议中明确指出，"学习生物科学史能使学生沿着科学家探索生物世界的道路，理解科学的本质和科学研究的思路和方法，学习科学家献身科学的精神""高中生物科学史中蕴涵着非常丰富的教育价值，教师在教学中应积极挖掘并利用生物科学史资源，切实提高每个高中生的生物科学素养"。既然科学史的教育价值如此之高，那么怎样去发掘科学史的教育价值呢？

三、发掘科学史教育价值方法

1.发掘每段科学史料背后蕴含的教育价值

简单地看科学史实片段，往往只能看到一个事实性知识。如果深入分析，其中可能包含一定的科学思维、科学方法。如单纯看维萨里写出了《人体的构造》，对人体解剖学作出了巨大贡献，这只是一个科学事实。但如果分析维萨里写出《人体的构造》的过程，则有利于了解解剖人体的方法创新，更有不顾宗教禁忌献身科学的大无畏精神。

2.发掘每段科学史在整个学科发展史中的教育价值

如果联系整个学科发展史，可以发现某段科学史中蕴含人文精神和科学发展的规律。如对细胞学说建立过程相关史实分析、整理，可发掘以下更高的教育价值。首先细胞学说可以很好展现范式的建立、修正过程，而细胞学说对生物学发展的巨大推动作用，又可说明科学范式对科学发展的作用。其次，细胞学说来自不完全归纳法，通过对归纳法（以及演绎法）的讨论可以帮助学生了解人类认识自然的科学思想进程，培养批判性思维。不完全归纳法、完全归纳法得出结论哪个更可靠？为什么科学研究一般用不完全归纳法？不完全归纳法得出一个结论有例外，我们怎么使其更可信？

3.从历史细节寻找感人瞬间

细节往往因真实而打动人的心灵，闪耀着人性的光辉。如在介绍维萨里时，可以提及《人体的构造》一张插图，其中标注了一句名言："凡人皆灭，天才永生。"可以让学生看出科学家对自己的科学成就和意义是多么的自豪！使学生强烈感受到人文精神的光辉。又如在介绍动物学家施旺时，特别指出生性怯懦的施旺正是受施莱登提出"植物细胞说"的激励，一同提出细胞学说，从而证明科学发现离不开勇气。

四、围绕教学重点组织史料

确定科学史教学的重点：一是让学生了解科学的发展规律（范式不断修正，继而促进科学共同体的发展）；二是学习科学家的思维方法（比较分类、归纳法、批判性思维）。

1.突出科学的范式发展特点

我们结合教材，整节课可以安排以下设计：

（1）先在细胞学说建立过程中，突出范式建立一般是一个归纳过程。

（2）通过细胞学说修正过程强调范式建立需不断完善。

（3）在讨论归纳法时，我们又可继续讨论关于科学范式建立的一般过程：先用（不完全）归纳法，再进行演绎法论证。

（4）在细胞学说的意义这一部分，通过其对解剖学、胚胎学、细胞学、分子生物学的影响，强调范式对科学发展有全面而深刻的影响。

2.强调归纳法的讨论

我们可以把相关讨论分成两步完成。先在课前讨论中明确用完全归纳法、不完全归纳法得出的结论是否可信，后在教材细胞学说内容后附带的问题讨论中再次讨论，学生就可运用上一次讨论的结果，加深对归纳法的认识。

五、突出教学重点展开教学过程

细胞学说及其建立过程是本节的重点，史料充分，逻辑清晰，可以展现范式建立修正、突出归纳的主要过程。但其他几个教学环节是否能突出教学重点，是本节课能否锦上添花的关键。

1. 引言中问题探讨

本节问题探讨中讨论问题有两个，"问题1：如果让你提供证据，说明大熊猫和冷箭竹都是由细胞构成的，应当如何获取和提供证据呢？"和"问题2：与同学相互评价各自的证据是否正确和充分。"

在问题1的讨论中，如果只告诉学生答案"应选取不同器官，不同组织分别取样制片观察"，与教学重点关联显然不够。

怎样取证？观察取证，是科学发现的起点，也是归纳的起点。取证需对多种组织取样。此时我们又可转为归纳法取样的讨论，使课堂一开始就聚焦对归纳法的认识。

影响证据是否正确的因素很多，包括取材的部位是否正确、能否便于制片、能否清晰地观察等。但我们本节讨论的重点仍是"取证是否充分？"即是否取得了所有器官的所有组织，从而实现完全归纳。

这样，让本来只是引出"科学家建立细胞学说的过程"的引言，成为突出强调归纳法的重要环节。

2. 有关细胞学说建立的问题讨论

本节教材安排了4个问题讨论，我们选择和改造成3个问题供学生讨论。

问题1：施莱登和施旺只观察了部分动植物组织，却归纳出所有动植物都是由细胞构成这一结论，可信吗？不完全可信，因为这是不完全归纳法得出的结论。这时追问科学研究一般使用的是完全归纳法还是不完全归纳法？答案是不完全归纳法。为什么不用完全归纳法？因为完全取样从方法上难以实现，而且从经济学角度考虑也难以承受。

通过演绎法证明（先演绎出一个结论，再用实验证明是否相符）。范式的提出到验证，逻辑过程也正是先由不完全归纳法提出，再到不断被证实成为公理。

问题2：所有细胞都来自先前存在的细胞，是否暗示你体内的每个细胞都含有祖先细胞的一部分？答案是肯定还是否定，要看细胞分裂时来自祖先的那团物质是否被分到两个子细胞，若分开则每一个细胞都含祖先细胞的物质；未被分开到两个子细胞，则不会每个细胞都含祖先细胞的物质。

问题3：通过细胞学说建立的过程，你能领悟到科学发现具有哪些特点？一是观察取证，二是合作交流，三是不断概括总结，四是不断完善，五是需要科学方法的进步（显微镜的发明）。

从上述讨论不难发现，我们对科学史实选择和运用的标准仍是能否突出教学重点。

3.细胞学说对生物学发展的影响

细胞学说揭示了动物和植物的统一性，进而阐明了生物界的统一性。

（1）使积累已久的解剖学、生理学、胚胎学获得了共同基础，使这些学科得到融通发展。细胞学说提出后，1860年马尔比基发现了毛细血管，从而证实了哈维的预言，使人体解剖学理论得到完善。同时胚胎发育过程中，预成论的观点才逐渐甘拜下风，绝大多数胚胎学家认同了渐成论的观点。

（2）细胞学说关于细胞是生命活动基本单位的观点，使人们认识到生长发育等各种现象的奥秘，都要从细胞中寻找，从而为细胞学和分子生物学的发展打开了空间。

（3）细胞学说中关于细胞组成动植物，细胞分裂产生新细胞的结论，使人们想到动植物有共同祖先。细胞与祖先的细胞可能存在某种联系，为进化论发展留下了伏笔。

千百年来普遍流行自然发生论认为，不洁的衣物会滋生蚤虱，污秽的死水会滋生蚊，尼罗河的污泥会产生蟾蜍等。魏尔肖在1858年就提出了著名的论断（一切细胞来自细胞），给了自然发生论一个致命的打击。1864年，巴斯德在法国科学院做了一个著名的实验，宣告了自然发生论的失败，自然发生论的观点就此绝迹。所以，恩格斯把细胞学说列为19世纪自然科学的三大发现之一，是生物学大厦的基石。

通过以上全面铺垫，使学生对细胞学说和生物学发展有了全面了解，同时对范式于科学的巨大推动作用有了充分认识，也对范式是科学发展的规律产生更深刻的认识。

通过对翔实的史料精心选择、组织，突出重点，使得教学环节流畅、逻辑严密，各个史料片段有机衔接，学生学习过程趣味盎然，能很好地理解科学本质、科学方法，学习科学精神，顺利达成课程目标。

用示范和评价弥补学生逻辑思维的缺陷

一、逻辑思维的缺陷

从古希腊开始，欧美文明都有注重逻辑的传统。简单地说，逻辑学指的是正确思考的方法和艺术。伏尔泰说："如果你想要与我交谈，那么请先给你的用语下个定义。"如果争论者都能做到先对自己的用语下定义，那么会有多少场冗长的辩论能被压缩成短小的篇章。这就是逻辑学的本质、灵魂。而所有研究都肯定，思维可后天习得，这一结论出自文森特·赖安·拉吉罗。

为何我们教育出的学生普遍缺少逻辑思维能力？这与国情有关，"逻辑"一词是一百多年前才由严复第一次翻译到中国。

杜威认为思维的形式有多种，首先是"意识流"，就是遍布于我们头脑中的无意识的和不受控制的观念过程，如果呆地在想些什么，或者心中的一个闪念，都属于意识流；其次是"虚构故事"，如我们偶然间想到"农夫和蛇"的故事，这个故事是我们没有直接感知的，而且是虚构的，是不连续的，这不同于观察到的实际记录；第三是"没有证据的信念"，如"我想明天将冷起来了"，等于说"我相信明天会冷起来"。

现实生活中，我们的思维常常停留在"意识流"的形式，而这种思维缺陷在我们的课堂上也会呈现。

1.缺陷一：思考忽视概念

一次我在淮北坐出租车，问旁边的司机，"师傅，到饭店还要多长时间？"他回答："早得很！"又补充道："还没走到一半呢！"细想他前一个回答是把时间长短混同于时间早迟，后面的补充则把时间长短混同于路程长短。

课堂上，老师常常将种群增长速率与增长率不分，光合作用强度与光合作用效率不分。光合强度中，学生经常分不清氧气释放量还是产生量。我们在课堂上说到细胞分裂，必须说明是有丝分裂还是无丝分裂，又或是减数分裂。

2.缺陷二：推理违反逻辑

矛盾律指一个物体在一个集合，或者其补集。如果用亚里士多德的盒子理解，是指一个物体位置要么在盒子内，要么在盒子外。

如有一个问题是问细胞核与原生质层的关系，称细胞核不在原生质层中。难道细胞核在原生质层外？我们常在课堂上听到，"这题可以对，可以错"。明显违反矛盾律（对一个命题的两个互相反对的判断必有一假）。我们在讨论染色体变化时，必须先界定是在有丝分裂，还是减数分裂的概念中。

除非问题界定不清。如在果酒发酵时，教师问：发酵液会发生怎样变化？教师给的答案是：pH降低、酒精增多，酵母菌数量先增多再减少。这是从发酵液的检测指标来描述。但从呼吸作用概念出发，呼吸产物应考虑包括葡萄糖的减少、CO_2和酒精增多、产热增多。这样的问题域界定不清，自然答案不明。

同一律是指同一思维过程的概念必须相同。很多语言小品的特色之一是偷换概念。"你家狗为何不生跳蚤？"你回答"不滋生"的原因，他的正确答案就是"不繁殖"的原因。

一道选择题有这样一个选项：同源染色体非姐妹单体上基因可在减I前

期发生基因重组。这一表述错在哪里？科学的表达应该是"同源染色体非姐妹单体上基因可在减Ⅰ前期发生互换"。

正确的科学判断应具有两个特点：首先概念科学准确，其次合乎逻辑，再用科学概念和科学思维实现一个判断。从这个标准看，上述判断要么概念选择有误，把交叉互换等同于基因重组；要么逻辑判断有误，把大概念（基因重组）与小概念（交叉互换）的内涵之间包含关系，混淆为重合关系。

在我们的生物教学中，类似的问题还有很多。那么我们该如何改变？

二、在课堂中处处展现逻辑思维

生活中的思维习惯让学生很难发现自己的思维中存在逻辑问题，我们可以先在课堂中先建立充满逻辑思维的氛围。

1.以概念作为思维起点和表达方式

一幅图片显示有三类细胞器特点：a有核酸、磷脂，b无核酸有磷脂，c无核酸无磷脂。选项是问a、b、c有什么特点。正确的思维过程是：先把三类细胞器分别与概念相对应。a为双层膜细胞器，外延为线粒体、叶绿体；b为单层膜细胞器，外延为内质网、高尔基体、液泡、溶酶体；c为无膜细胞器，外延为中心体。

如果能这样思维，后面的回答便不困难。但学生最初的表达都是口语的形式和思维，这两种都不具备逻辑思维的特征而不能自我觉察，这就需要教师及时纠正，培养出一种有逻辑思维的课堂氛围。

2.证据完整

证据完整是科学表达的逻辑要求。如光照强度如何影响光合强度？光通过影响光反应产生ATP、[H]→促进暗反应强度→促进总光合强度。若只回答：光照增强导致光合强度增强，则证据链不完整。

如问温度与哈密瓜甜度的关系时，证据来自白天和夜晚两个方面：

（1）白天温度高→与光合作用相关的酶的活性高→有机物积累快；

（2）夜晚气温低→细胞呼吸的酶活性低→消耗有机物慢。

3.逻辑严谨

严谨的逻辑展示对培养学生的逻辑思维有重要意义。如减少二氧化碳的供应，三碳化合物的浓度将怎样变化？这里涉及三碳化合物的增加和减少。答：二氧化碳浓度减少，三碳化合物的形成速率减慢，三碳化合物的还原速率不变，所以三碳化合物浓度减少。又如我们在讨论种群数量增加的原因时，需从出生率与死亡率之差以及迁入率与迁出率之差两部分进行。

如三段论式演绎推理：基因突变使某个DNA的碱基发生变化，但嘌呤与嘧啶比例相等。大前提：所有双链DNA嘌呤与嘧啶比例都相等。小前提：基因突变的基因是某个DNA片段。结论：基因突变后嘌呤与嘧啶比例相等。

生物教学普遍存在三段论推理。如判断水稻的高（矮）和糯性（非糯性）这两对相对性状由自由组合的两对等位基因决定？这其实就是一个三段论式演绎推理。如果水稻的这两对基因符合自由组合定律，则双杂合子的自交后代符合9：3：3：1，或测交后代符合1：1：1：1的比例。

小到酶的专一性、高效性，大到细胞直径大小、分裂方式，再到种群的进化，物种形成，生命的每个层次都存在进化的机制。从逻辑思维过程看，这就是在运用生物进化的概念进行演绎推理。

4.用逻辑来支撑探究能力

探究的逻辑本身就是一个判断因果的方法——求异法。否则，学生就无法明白无关变量也会影响因变量，不能理解记录表的设计原理。不明白探究的逻辑，也不能区分假设和预期。

三、用逻辑思维的评价标准来指导学习与生活

1.课堂上始终以逻辑指导思考

学生的回答里隐藏着生活中的逻辑错误。在课堂感觉到逻辑思维的氛围后，关注他们课上和课下交流时暴露的逻辑思维缺陷，并及时评价纠错，是长期培养其逻辑思维的必要过程。如膜上蛋白说成膜上载体，有氧呼吸说成细胞呼吸，就是明显的概念不分；细胞周期与细胞分裂混用，则是明显的概念混淆。

有些学生由噬菌体遗传物质是DNA推出生命的主要遗传物质是DNA。学生会在老师的提醒下知道答案有不足，但到底错在哪，却不能说清。这时老师就明确指出，这个推理过程缺少归纳。教师的评价不仅要及时指出逻辑思维的缺陷，还要指出其错误的本质。让学生对逻辑错误不能仅停留在知道层面，而是要知道错误的原理所在。

在高二的作业评价中，我设立一个针对逻辑的简单评价。若学生的回答逻辑正确，我会在答题处特别写上一个"好"；反之，若回答有典型的逻辑错误，则在课堂上供大家一起讨论。处处纠错，时时应用，让学生先谨思、再慎言，通过长时间的练习后解决问题时的逻辑思维就一天天得到培养。

2. 生活中以逻辑思维来指导行为

为何冬天是读书的好季节？因为冬天低温，人体分泌的甲状腺素会增多，甲状腺素会提高神经系统的兴奋性，思维反应更敏捷。雨天不洗车，但如果大雨下了一天，中雨下了两天，都是洗车的好时机。这些情境就是在运用归纳推理。又如冬天教室里，有三次讲课出现表达不清的情况，我猜是缺氧，我让学生打开窗户和门，果然没再出现。这就是在运用验证假说的过程。

"一方水土养一方人"的逻辑是正确的吗？转基因油你吃不吃？生活中的问题往往更易暴露学生逻辑思维缺陷，是学生非逻辑思维最后的堡垒。若能解决生活问题避免非逻辑思维，就实现了逻辑思维运用的全面提升。也只有通过这种学以致用，才能实现逻辑思维从思考模式上升到解决问题的行为模式，才能实现在解决问题时做到全过程运用逻辑思维，从而最大限度培养学生的逻辑思维。

缺乏直接经验无法产生探究能力

从我的教学经验来看，即使在必修 1 教学开始花很多的精力去培养学生提出科学探究问题的能力，也仿佛是沙滩中建高楼，无从下手。我清楚地记得在教学生提出关于酵母菌的问题时，学生的答案让我非常失望，要知道这可是这所学校年级前一百的学生，他们能提出一个科学问题的比例却不到 1/3。

读杜威先生《民主主义与教育》，有一段话让我豁然开朗。他说有两种问题，一种是真正的问题，一种是模拟的或虚幻的问题。它们的区别是：若这个问题是从学生个人经验的某种情境内部自然产生的，或是能引起校外进行观察和实验的一种尝试，就是真实的问题；反之，是讲授老师和教科书上的问题，或是学生为学业分数，或为赢得老师的赞许而提出来的问题，都属于虚幻的问题。

一、科学问题的来源

从概念上理解科学是什么？路德维希·维特根斯坦认为科学就是一个个的家族性概念的集合。每一个家族性的概念中有许多相互牵连的、衍生关系的概念。从研究主体来理解科学是什么？按照路德维克·弗莱克的观点，科学就是认同一定范式的一类人的集合。

由此可见，无论从概念的发展还是研究人群的特点，要提出一个科学问题，都是一群连续从事实验研究的人，不断探究理论真伪而使家族性概念发展的一系列实验，即一系列不断发展的直接经验。而学生是对家族性概念难以厘清、对一个范式理解不够深刻的一群人。更重要的是他们缺乏，甚至是没有一点直接经验。如此现实条件，若想在教学中培养学生的探究能力只能是妄想。

曾经在"细胞吸收水分"一节，笔者试图专门培养学生提出科学问题的能力。当时在课堂上我花了九牛二虎的力气，带领学生对植物吸水失水过程提出一个可探究的问题，原生质层是半透膜吗？那节课设计的逻辑严密一气呵成，自己还颇为自得，听课的老师反响也很好。但是多年过去，我读到杜威先生关于课堂问题的相关论述，突然大吃一惊。因为我千方百计引导出的，也是课本想要提出的这一个科学问题，其本质是一个虚幻的问题，是教材、教师想提出而学生不可能提出的问题。这样一个虚幻的问题，对学生的学习，或是科学探究应该是毫无意义的。回头去看，那一节公开课唯一的意义是让学生明白了科学问题的一个特性，即具有可验证性。

二、探究离不开直接经验

暑假，我在花盆中发现一群鼠妇，观察了一段时间，发现它们对果皮很感兴趣。于是我立刻就想到了一个可以探究的问题：观察鼠妇对不同种的果皮的"兴趣"差异。产生这一问题的理论依据应该是本地的鼠妇由于自然选择，对本地的植物果皮有一定的偏好，且对更甜的果皮更感兴趣。我们每一个高中生都应该可以从理论上理解自然选择的原理，但是如果没有观察实践，能提出这样一个科学问题的可能性极小。

无论从个人科学探究实践，家族性概念的衍生，还是从科学共同体对范式的验证或者完善，科学问题的特征都依赖直接经验。杜威认为直接经验具有间接经验不具有的亲切性和温暖性，所以成为科学问题的来源一定是直接经验。笛卡尔从墙角的蛛网得到启发创立直角坐标系，普利斯特利通过密封瓶中蜘蛛会窒息，发现了空气中有动物需要的氧气。学生探究能力是怎样消失的呢？是远离直接经验的"缺乏真实意义而由连串字词松懈地连在一起的假概念的增加"。所以，只有间接经验堆积的学生注定提不出科学问题。

三、现有课堂探究能力培养大多基于虚幻的问题

现有课堂中，教师费尽心思提出的探究性问题，严格地说都不是学生心中真实的问题。这些问题只是按照一定逻辑，可以进行推理的问题。

记得曾经在学习纤维素酶时，我让学生设想，如果你拥有了这种酶，你想做一件什么有意思的事呢？这个问题让很多学生感兴趣，第二天交上来的作业，让我大吃一惊，凡是学习优秀的学生，答案大多中规中矩，没有什么有意思的地方，反而那些平时成绩不算优秀的学生，提出的问题却是异想天开、意趣非凡。也就是说这样一个真实的探究问题，让全班的优等生排位发生了根本性的变化。

可以说，这些标榜为培养探究能力的教学行为，其实最多是培育了学生逻辑思维能力，与培养探究能力无关。甚至可以说，由于我们的探究能力培养，完全属于缘木求鱼，姑且称之为虚幻的探究学习，就是我们的学生缺乏探究能力的重要原因。

四、间接经验的积累再多也无法触发真正探究

华裔诺贝尔奖获得者朱棣文先生，在2008年接受采访时说，中国留学的研究生或博士后和他们的美国同学相比，对教材的学习能力很强，当遇到界定良好的问题，他们比美国学生优秀，他们习惯于阅读教材，长于死记硬背，但却很少批判性地思考问题。

是呀！我们的学生从小到大，在课堂上遇到的都是典型问题，即界定良好的问题。学生从小到大都是比拼学习教材的能力，而当科学探究面对一些非典型、非教材学习的问题时，我们的学生不再具有优势，自然是情理之中的事情。

这与智商无关。我又想起上海著名教育专家陈红兵校长讲过一个真实的故事。他有一位年轻的同事，非常令人满意的一位数学教师，他在高一的时候就拿到了全国奥数的金牌，后来拿到了全国信息技术的奥赛金牌，两个金牌到手，被保送北大，但他没有去，最后被录取在剑桥大学读数学，大学期间又交换到麻省理工学院读数学本科。在剑桥读书的时候，他像许多同学一样研读爱因斯坦的相对论，看到许多同学读相对论，他认为，这些同学的学习成绩远不如他，但是读相对论的时候却津津有味，读进去了，自己一个奥数金牌获得者，读了半天却很吃力。因此他不断向自己提问："我以为我比他们高，数学成绩比他们好，计算能力比他们强，分数比他们高，为什么爱因斯坦相对论我读不进去？"后来他发现，其中一个重要的原因就是我们的数学教学，包括奥数在内的数学教学，更多的是训练学生的常识性思维。

我觉得这位教师的反思还不够。杜威先生说，教育过程的结果是进一步教育的能力。我们的奥赛仍然是比拼教材学习，而与探究性学习无关。这只是一种貌似兴趣——只以获得学习成绩为目标的兴趣，而不是真正的专业兴趣，不能导致进一步学习的发生。这才是他看不懂相对论、最终放弃科研的根本原因。

五、怎样的科学教育才能培养探究能力

我们必须深刻地意识到：教学帮助学生理解教材，但与探究能力，创新能力无关，甚至说很可能有害。因为教材教得越好，教师的威信越高，对学生引导的作用就越强，就越可能让他们远离培养科学探究能力的本质。

在高考评价主导教学一时难以撼动的前提之下，我们怎样把有限的实验教学转变成探究能力的培养？我们在课堂教学中怎样增加学生的直接经验？在课前演讲中怎样着力增加学生的直接经验？从问题性质看，我们怎样提出一些让学生追着问的问题？让学生自己去实践的真实性问题？我们要怎样提出一些与学业、升学比拼无关的问题？我们怎样提供一些让学生去实践的真实环境呢？这是一个真正的教育者，需要深思的问题。因为只有这样才对培养学生的探究能力和创新能力，有很好的裨益，对学生的未来有益。

近来基于这样的思考，深感自己的课前演讲意义重大，至少提供了学生积累直接经验的一个重要途径，但也只是推开了纯粹科学教育的大门，做得还远远不够。

谨记于此，更多的是一种期待，期待后来者能走得更远，做得更好，去做我心中的纯粹生命教育。什么是纯粹的生命教育？那是基于真实的自然生活情境，培养学生探究能力，获得身心健康能力，关注学生终身发展和终身幸福的生命教育。

我的职业幸福观

——相信自己能成为人类灵魂的工程师

捷克教育家夸美纽斯说："教师是太阳底下最伟大的职业。"可现实中，很多教师却发现教师是一个发展空间有限，仿佛是一个一眼就能望到退休的平淡职业。当年作为一名普通的初中生物老师，也想做一名职业自由撰稿人，尽情抒写自己的感受，但考虑到这样是否能养活自己，以及生活在农村将来老无所依的父母，实在没有辞职的勇气。教师生涯就这样被迫坚持了下来，直到慢慢感受到做教师的乐趣。

一、课堂是教师快乐的第一源泉

当我把水中的草履虫比喻成一只舞鞋，一只不停旋转的芭蕾舞鞋，讲台下的每位学生都睁大了双眼，我也感受到了学习生命的乐趣。在那一双双渴望的眼神鼓励下，我开始在讲台上眉飞色舞，仿佛自己穿了一双神奇的舞鞋。我把萌发的蚕豆种子放在学生的面前，让他们对着其中的胚想象，启发他们一点一点想象出一株幼苗，一株两颗叶子特别大的幼苗。在他们终于完成想象的那一刻，每一个人脸上都露出幸福微笑，站在讲台上的你心里便充满了欢乐。从此我暗下决心，要让每一节课都没有一个学生昏昏欲睡，每节课都有让学生瞪大双眼的时刻。除了认真备好每一节课之外，每个学期结束我都会采取不记名问卷的形式，调查同学们的学习感受。

由于同学们有了极大的学习兴趣，到了教师生涯的第二年，恰好有一次（也是唯一的一次）全国初中生物竞赛，我的学生在竞赛中取得了极其优异的成绩。让全校的老师，甚至安徽省教研室的董平老师都知道了我的名字。1991年董平老师来马鞍山市调研，她特地到我们学校听了我的初中生物课。第二年她就电话通知我，要我暑期给全省的老师做一次专题报告，谈谈在初中生物教学中，怎样进行实验分析。报告取得了极大的成功，受到了参会者的一致好评。更重要的是董平老师当着众人（甚至还有我大学同班同学）的面表扬我："一个人是不是优秀的教师，只要5年就可以看得出来！"感谢董老师，那是我教学生涯中收到的最大的鼓励！她也许不知道，正是她的这句话，给我的教学发展注入了不竭的动力！

二、竞赛可以体验成功的快乐

自从那一次偶然的初中生物竞赛之后，我与竞赛便结下了不解之缘。但真正接触全国生物奥赛，是从1996年步入高中教学开始，直到2012年全国中学生生物竞赛在我校举行，一共坚持了16年。其中的艰辛可想而知，但成绩的一步步提高，给我的激励也是巨大的。

2009年全国生物竞赛前夕，安徽大学生命科学学院主管省竞赛的方杰老师和我闲谈，问我："王老师你们今年准备拿几个一等奖？几个省代表队资格？"我说："那就拿总额的1/4吧。"方老师笑说："那有点难呐！"我也笑笑。结果出来后，我们拿了7个一等奖，3个省代表队名额。我和孩子们一起流出了幸福的眼泪。我们获得了全省一等奖总数的1/3，省代表队名额的3/4。自2009年以后，我基本上有了萌生退意的想法。因为经常听到很多其他地市搞竞赛的教师抱怨："我们真倒霉，怎么竞赛刚好和王老师是同一届的啊！"

从全省一等奖到为全省第一次获全国一等奖，再到进入国家集训队；从一人入选省代表队到多人入选省代表队，到全省第一次有能力举办全国中学生生物竞赛。每一次成功在官宣的那一刻都是一次内心的狂喜，都是对自己教学生涯的极大肯定，都是一次次人生的突破，都是为未来自己教学发展注入一个个极大的动力。

三、正确面对挫折

教师的生涯虽然平淡，但也偶有波折。我记得教学中一次备受重大打击是参加全市的教坛新星评比，尽管精心准备，信心满满，却功亏一篑。

其实我的第一次挫折来自工作第五年，当时要参加学校二级教师职称评审。那时无论从竞赛成绩还是教学论文，我的条件都很过硬，但是没被评选上。我非常气愤地去找学校领导，校长给我的答复是："也许存在不公平，但这是学校评委会成员投票的结果。"评委会成员都是高中老师，我在初中任教，他们了解不够，票没投给我，这是情理之中的事。临走时，老校长语重心长地提醒我："小伙子，至少说明你的成绩还不是比别人高出一截。"对呀，如果我的成绩比别人高出很多，评委肯定会投票给我的。对待挫败的最好的方式不是埋怨，而是提升自己的能力。在我后来当评委的经历中，无数次地证明了这一点。

从此，我对照职称晋升的标准，全方位精心准备，到了工作第九年时，我就破格（正常需十年工作期限）晋升为高级教师。2003年，我37岁，被评为安徽省特级教师，成为当年最年轻的特级教师。2013年，我又被评为正高级教师，成为安徽省首批正高级教师。任何职业都会有挫折，但关键是不要让挫折成为我们成长的阻碍，而是让挫折成为我们成长的动力。很多同龄人都很惊讶我的职称晋升怎么那么顺，那么快，其实这都是因为我的老校长，感谢他语重心长的那一句提醒。

四、慢慢体会迟来的幸福

教师的年龄渐长，他的学生也在逐渐长大。当学生到了工作、家庭稳定的年龄时，他们很可能会回到母校，想起感恩老师。

一位杰出校友应邀回到母校，让她久久牵挂的是当年的初中生物王老师是不是退休了？当一届届学生回到母校相聚的时候，他们都会想起当年的一位生物王老师，想起教他们认的一种种校园植物，想起"虐待"他们爱心的一次次动物实验。我想这就是作为一名初中生物老师的最大幸福。

当年一起参加生物竞赛的学生，有的成了科学家，有的成了企业家。当他们论文发表、公司上市时，当他们取得进步、生活过得幸福时，都会向你报喜。这就是教师的幸福。

记得有人说教师是一个有缺憾的职业，那就是职业成功不完全取决于教师的努力程度，还需要依赖学生努力。教育的功能在学生身上是一个慢慢体现的成长过程。这种依赖学生的努力也有好处，那就是学生一辈子的努力将来可以衍生教师的幸福。教师获得的喜悦也就是不断的，而且是越来越大的幸福。

互联网的发达，让教师在微信中联系每一个过去的学生成为可能。每当联系一个过去的学生时，你就会感到一次惊喜、一份感谢。所以，随着教师教龄增长，学生越来越多，体验惊喜幸福的机会也越来越多。

五、相信自己能成为一位灵魂工程师

初登讲台很难相信教师的职业有多么高尚，能成为一位人类灵魂的工程师。一个教学新手只能对少数学生产生影响，很难成为灵魂的工程师。但是当你成为一名优秀的教师，学生会产生心理依赖。

2013年，学校安排我在高二临时接手一个成绩很差的班。学生的学习信心低落，每次问到班级考试成绩在年级排名，他们都会低声嘟哝：倒一（倒数第一的缩写）。半年后，他们的生物成绩有了起色，特别是上课时的精气神有了明显改善。而且从学生的眼神中，可以看出他们对老师的信赖。这时，学校的工作变动，又要我去接一个高三班级，我只好把这个高二班交给另一名资深教师。我提醒学校，"这样的安排，高二班级的学生会有意见的。"学校回答："生物学科不是数学，学生感受到差别不会那么大，况且你只带了一个学期。"结果变动一宣布，这个班的学生家长集体到校反对。一个星期天的早晨，我刚刚起床，就接到一个学生的电话，说他们在我家楼下。我拉开窗帘，草坪上黑压压的全是家长和学生。我惊呆了！事情已过去两周，我以为学生们早已平静接受了。没想到他们竟然找上门，到我家小区来"请愿"！我连忙叫他们上来，他们显然早有准备，家长站在门外，家中全是学生。学生个个眼神哀伤，一个一个哀求着说："老师你还带我们吧……"

后来学校妥协了。让那么多的孩子宁愿放弃周末的学习，集中来到这里，用几乎落泪的眼神挽留一位老师。面对自己的学生，我想任何一个老师都无法拒绝！不要说多带一个班，哪怕再多十倍艰辛也不忍心拒绝。回忆起当时情景，哪怕十年过去了，我也没法止住眼泪。为了孩子们的真情，也为了自己作为一名教师的骄傲！

由于教师的成长是一个教学水平、能力慢慢成熟的过程。水平越高、能力越强，教师对学生影响也会逐渐增大，对学生精神引领作用逐渐增强。

2021年，由于新冠疫情，教师只能在线上进行教学、布置作业。在这一届学生毕业的时候，我在线上给他们留了最后一次作业，请他们毕业前给老师留下赠言。学生写下的赠言总让我欣喜万分，甚至让我热泪盈眶。"您是我们人生的楷模，学术的榜样。我们班对您一直充满仰慕和敬爱。""您对职业的钟爱也潜移默化地影响了我们，我们会带着对生物的热爱和追求，不舍对生活的热情与自由，一直向前！"

特别是许多学生要以我为人生楷模时，我感到了人生巨大的成功。我终于可以无愧地说，我已能称得上"人类灵魂的工程师"。这应该是教师一生最大的幸福，最高的荣誉！

■ 答年轻教师的四个疑惑

一、课堂是否真的讲得越少越好？

前几年流行翻转课堂，即将课堂与课外的任务对换。课外，以学生在家看视频、听讲解为基础；在课堂上，老师尽量少讲，主要进行问题辅导，或者对做实验过程中有困难的学生提供帮助。我曾见到一位教育部门领导很自豪地说："什么课好不好，我只要看教师讲的时间有没有超过1/3。"

在国内，曾经有类似的教学方法，被冠以高效课堂。典型的案例包括1998年山东的杜郎口中学所尝试的杜郎口教学模式。与当前的翻转课堂不同，这些模式中，学生并不使用微视频和在线做题，而使用导学案、课本和习题册。

如果是这样的话，也许唯一的好处就是培养了学生的自学能力，但课堂就是散乱的答疑解惑过程。哪来精心的教学设计？怎么突出重点？怎么突破难点？没有师生互动，没有生生讨论，怎样培养科学思维、科学方法？怎么实现科学素养的培养？所以我不喜欢导学案。它扼杀了课堂的生成性、创造性。学习成果直接指向的记忆和理解一个个知识点，是一种否定课堂功能的粗暴而功利的学习过程。

二、我们还要不要管学生？

以学生为中心的课程理论，曾经风靡一时。它极大地削弱了教师对学生管理的功能，仿佛无论学生怎么学都可以，学生开心就是好课，似乎再也见不到教师批评学生的课堂管理过程。如果是一位成熟的教师，能够轻松地驾驭课堂，应对学生的混乱，这样的局面也可能是有一定的效率。但如果是一位不成熟的教师他不能很好地驾驭课堂，也采取这样的心态，那么他的课堂效率一定是低下的。一味照顾了学生的兴趣，必然造成课堂的进程是"脚踏西瓜皮，滑到哪是哪"。其实即使是资深的教师也需要对课堂进行管理。

美国要素主义教育家巴格莱认为，如果自律的能力还只是一个目标，为达到自律目标，强迫的纪律就成为一种必要的方式。

在我带的班级中，一般只要一两个月磨合，学生就会专心听课。但我也曾经带过一个班，成绩不理想，到了高二仍然有学生不遵守课堂纪律的情况。这在我的教学生涯中是罕见的，我一直忍到高二上学期快结束的时候，决定对他们来一次严厉的批评。首先给大家问卷回答两个问题：一是对现在的老师上课是否不满意？二是老师要求学生上课不讲话这样的标准高了吗？学生都做出了否定的回答。接着第二节课，根据调查结果，我再问大家问题出在哪？一是有些同学不自觉，二是班干没有及时制止，三是旁边的其他同学也没有制止。第三节课我先说我选择你们班，是想为你们负责，想为你们班级氛围带来改变。再问同学们我们学习成绩要不要改变？能不能改变？同学们都作出肯定的回答。经过这次批评，所有的同学学习的热情忽然被点燃，整个班级的听课情绪也变得高涨。两个月后班级的考试成绩就到了年级前列。自此，班级各科的学习氛围彻底发生了改变。

在这以前，我已近十年没这样正式批评学生了。这一次的经历，让我明白以学生为中心也要有个度，绝不是一味地迁就。如果面对学生的明显错误，教师不进行批评，就会耽误学生的学习，也是一种不负责任的表现。

三、生物教学中是否适合各种教学理论？

可以尝试，不可全面展开。

如单元教学思想。是指单元设计要有整体性，即各个小节之间最好围绕同一主题。单元教学设计更关注各章节内容相关性，教学活动与教学活动之间相关，与总的单元教学目标相关。其次，单元设计要有阶梯性。阶梯性主要体现在教学活动的设计从简单到复杂，从单一到综合，从基础到提高，活动的要求体现循序渐进的教学原则。对照这样的要求，显然不是所有的教学内容都适合进行单元教学。特别是高中生物学单元各小节内容大多为并列关系，如可遗传变异主要分基因突变、基因重组、染色体变异等，这样的逻辑关系根本不适合进行单元教学。

又如批判性思维，就是一种善于发现问题、敢于质疑的思维态度。这在社会科学的研究中具有重大的意义。由于科学问题的结果往往具有唯一性，因此批判性思维只在自然科学研究中的发现问题、提出假设、结论评价等过程有重要意义，难以通过科学研究的主要过程进行培养。

各种教学流派纷呈，是教学理论蓬勃发展的标志，但是各种教学流派都有一定的优势和缺陷，也有一定的适用范围。而现在的舆论介绍往往忽视（或故意选择性回避）这些缺陷，这就需要在教学当中既要充分学习，又要用做教育的良知去鉴别。

我想起巴格莱说过一句话："做你找得到又能够胜任的事，不必考虑受到赞扬、批评、奖励或惩罚，这么做会使你生活得有意义而美好。这些心理素质在变化的世界中有恒久的价值。"我们做教师，也应当如此有意义地去做，恒久地去做，而不只是紧跟流派。

四、教师怎样进行语言修炼？

人类听觉的记忆保持时间可达到3秒，而视觉记忆保持只能达到1秒。听觉是学生在课堂获得信息的主要途径。这就表明，一个教师最重要的课堂修炼是语言。

1.语句要短些再短些

在人的视觉记忆研究中人的感觉注意宽度只有4～6个单位。有人统计过，中国孩子记得最熟的唐诗是李白的《静夜思》或骆宾王的《咏鹅》，其原因就是：每句五言，前五言当中都只有2～3个词汇，这是人类感觉记忆的最适长度，容易被记住就不难理解了。

这就告诉我们，如果要让学生有效地听取信息，教师的语言长度也应与五言诗相近，不能用长句，如果遇到长句怎么办呢？可以把它改成两句来说，如今天我们学习第二节细胞增殖，我们可以把它改成两句。第一句：今天我们来学习。第二句：细胞的增殖。另外，"第二节"可以不说，它不是重要的信息，因为通过后面的板书，学生就可以理解。这样可有可无的词语，如果再放在我们的语言中就成了累赘。

2.正确设置好重音位置

初登讲台的人往往说话缺少语音变化，这让学生通过听觉感受时不易产生注意。我们应该把重点以重音拖长的形式进行强调。如"细胞的增殖"一句，重点是"增殖"，因此我们说出"细胞增殖"时，应该把"增殖"一词的语速放慢，语调升高，从而使学生知道要对这个词产生更多的注意，以便产生记忆。

3.语言朴素易懂

阿西莫夫认为，科学论著的语言应该是"像平板玻璃一样"的语言，要朴素通透，让读者直接面对知识。作为科学教育的课堂，其语言也应该具有这样的特点。至少不宜带有很华丽的辞藻，这样会失去科学表述的准确性。同时除非我们在进行情感教育，否则科学课堂的语言也不宜过多富有激情，过多的激情同样影响学生的注意。这样语言的亲和性不够，也会有碍于和学生进行交流。我曾遇到一位老师说话激情澎湃，很有演讲的天分，上课也如此。如果天天听他上课，学生听觉无疑会受到巨大考验，至少极易产生疲劳。但是，朴素绝不代表通俗，而是要求句句都是科学表达。

4.条理清晰，逻辑严谨

整节课分几个大问题，每个大问题又分几个小问题，每个问题之间逻辑相关联，再辅以板书提示，学生对本节课的内容自然了然于胸。如真核动物细胞结构分细胞膜、细胞质、细胞核三部分，细胞质又分细胞质基质和细胞器，细胞器又分若干种类，逻辑关系是先整体再部分。又如肺炎链球菌的转化原理可能是S型细胞中的DNA转移到了R型细胞中，这里是"可能"就不能说"是"或者"一定是"。

5.语言富有想象和哲理

我们可以把叶绿体看成一个有机物合成车间，把叶绿体中色素吸收光能再发射高能电子看成电子发射枪。我们可以把线粒体看作是一个核潜艇，可以把线粒体内膜比喻成一个利用氢离子浓度梯度的有发电站的大坝。在学习细胞的元素组成之后介绍人体各种元素的价值，然后话锋陡转问道："如果你利用这些元素合成出一个人，需要多少钱呢？那是用尽地球上所有的财富也实现不了的。"在学习了生长素谈到植物的茎具有背地生长的特点后，我和同学们说："我们应该尊敬每一棵弯曲的树。每一个弯曲都是因为一次被风雨吹倒，但是又没有失去向上生长的理想，通过一次背地生长的过程。"对于这样富有哲理的联想，同学们都露出了陶醉的表情。

教育札记

一、一片羽毛不能栖息在记忆的树上

波兰诗人辛波斯卡在诺贝尔奖颁奖的演讲词中说：任何知识若不能引发新的疑惑，便会快速枯萎——因为它无法保存维持存在所需的温度。我以为她是一位教育家，其实不是。她对知识存续性的论断让人惊讶！知识的生命特征是能解决新的问题，引发新的思考，否则就枯萎，如同从未存在过。像一片鸟儿的飞羽的意义，要么能飞翔，要么能引起人们对鸟儿、天空的想象。当然辛波斯卡只关注了已获取知识的存续性。

如果从获取知识的过程看，新知也必须有意义，即与原有知识形成连接，搭建出结构，才能保持存在。一片羽毛不能栖息在树上。即使存在，也只是由于风把它带来，偶然羁绊在枝上，另一阵风就会把它带离。所以，一个知识哪怕只是一片羽毛，也要以一只鸟，以生命的形式与枝头连接。避风？就该落在叶稠密处，且在下风处；若小憩，就该落在避光处；若觅食，就该停在最高枝，以俯瞰原野。

记得生物学习时遇到一个问题，我们为什么用纱布包扎伤口？为防止细菌无氧呼吸。以前我只当这是一个知识碎片，只要学生知道即可，同时我也知道，有很多人会在下课就会把它忘记，如同一片羽毛飘飞而过。但如果我们再问问：为何要防细菌进行无氧呼吸？因无氧呼吸时，细菌往往产生乳酸等中间代谢产物，加剧伤口的恶化而不易愈合。如果是有氧呼吸，它们代谢的主要产物为二氧化碳和水，对伤口愈合无害。这样"用纱布包扎伤口"本来只是一个羽毛般的知识碎片，但现在却通过无氧呼吸与生命原理与学生知识之树有机相连，真正着生形成有机整体。

知识，只有有机存活才能为将来引发新的思考、解决新的问题，做好准备是为知识存活提供了前提。所以，知识无论获取还是存活，都需与人的现在或未来的问题、知识结构衔接，才能存续，才能不至于灭绝。

所以查理·芒格告诫年轻人，你们必须掌握许多知识，让它们在你们的头脑中形成一个思维框架，在随后的日子里能自动地运用它们。

二、想象的力量

ATP这么好的能源物质，一定能在身体内大量储存吗？我曾出过一个计算题：一个人一昼夜的能量供应需1300千卡，换算成热量：1300×4.18（千焦），再换算成ATP摩尔数、ATP质量：1300×4.18÷30.54×0.498（千克）。我把计算题抛出去，交给学生算。后来抛出计算题之前，我加了一个问题：ATP如此好用，所有生物都以其为直接能源物质，如果我们能储存一些ATP多好！怎么好？我们就可以关闭生产过程——细胞呼吸了，可以憋着气上天入地了呀！

学生眼睛顿时放光，瞬间来了精神，计算也很快算出来结果，明白了所有问题的答案。学生的精神只来自一个老师的想象：假如ATP可以储存。

今年我偶然想到：可不可以再加一个想象呢，如ATP与酶配合的意义多大？ATP与酶是细胞的两大法宝。酶可以神奇地降低反应活化能，让一个反应以奇快的速率完成。酶只能催化一个本来就能发生的反应，也不改变反应的平衡，完全是提高速度。如果不能发生的反应呢？没关系，有ATP来帮忙。ATP能使底物磷酸化，或称与吸能反应耦联，这样就不愁反应不能发生！如此，生命就可为所欲为，能合成一切想合成的物质。孔雀可以长出硕大而美丽的尾羽，大角羊长出粗壮无比的弯角，甲虫鞘翅镶嵌金光闪闪的辉石；玫瑰迷人的香气，牡丹艳丽的花瓣，美到炫目的蝶翅。只要有能量供ATP生成，生命可以做一切奢侈的事，达成一切不可思议的想法。但酶的本质是加快反应又减少了能量消耗，所以生命又时刻在意如何节约能量。

阿基米德说："给我一个支点，我就能撬动地球。"细胞也是如此，酶就是大大小小的生命杠杆，ATP就是那些不可能反应的支点。细胞用这两大法宝，呼风唤雨、点石成金。虽是红颜易老，但成就了千姿百态而又绚烂瑰丽的生命。感谢ATP，不只让我们能动能走，会说会笑，更给了我们一个美妙的生命世界。

三、通过必修1学生是否学会了提出探究问题

学生会怎样探究酵母菌？

在介绍实验变量，学习探究酶的最适温度、最适pH后，在探究原生质层是否是半透膜后，学生是否学会了探究的第一步——学会提问？

在学习细胞呼吸之前，不让学生看书的前提下，我做了一个调查。

调查前，我们讨论了一下酵母菌在生活中的应用有哪些？制作馒头和酿酒。前者是通过有氧呼吸产生CO_2，后者通过酵母菌在无氧呼吸条件下产生酒精。在了解这些问题背景后，让学生提出两个探究酵母菌的问题。

统计学生的问题，可先分为两类。一类是可探究的问题。另一类是表述不清晰的问题，且自变量不清晰或因变量无法检测。如果属于后者，可归为不合格的问题，占比仅为4/44。

在可探究问题中，也可分两类：一是在问题表述与变量界定中，问题表述不清，只有变量正确的，占比为15/44。出现这样问题的原因，是学生对问题背景知识不清：不能区别有氧呼吸与无氧呼吸，只笼统地用"发酵"一词来表达，其中11人为模拟教材前面的案例。严格来说，这部分学生并没有学会提出问题。二是在问题表述与变量界定两项正确。这类学会提问的学生中，占比为10/44。

可见学会了提出探究问题的学生只有一半。这是我在竞赛班进行的调查，可以想象，普通班的学生中，这一比例很可能会更低。

在可探究的问题中，有9人模拟了探究酶的最适温度和最适pH的实验，有2人模拟了毕希纳的实验（将酵母菌细胞研磨，观察发酵变化）。

这使我想起在"探究植物细胞对水分的运输"一节时，也曾向学生提出探究问题。结果几乎全是模拟植物细胞吸水、失水的实验，如探究植物细胞膜是否为半透膜、探究植物液泡膜是否为半透膜。看来学生提出探究问题的首要依据是已经学习过的探究案例。显然教材中提供的探究案例还远远不够，可以以课前演讲的形式作补充。

四、何为学科素养

假期和高三学生聚餐，我想考考我的学生。席间说到一个院士的经历：儿时被蛇咬了，母亲拿来蜡烛灼烧伤口，直到伤口变得干燥。对其治疗原理，众说纷纭，有的老师说：那是把病毒杀死了，不会感染。我请学生解释，他说是灼烧的高温让蛇毒（蛋白质）失活。我很开心，和我的想法不谋而合。

另一次聚会，一位同学将去武汉，向大家谈起他要进行新冠病毒检测。他说他要进行两种方式检测，一是口腔取样，二是鼻腔取样。我立即追问：为何要做两种呢？他回答：第二种取样结果更准确吧！我又问为什么呢？可能是第一种取样方式样品被唾液稀释，结果可能不可靠吧。我惊呆了！又和我的想法一致！

我的幸福指数飙升！不是因为桌上的美酒，佳肴，不是孩子们依依别情，而是孩子们能以课堂所学的生命科学知识，来解决生活中遇到的问题！这就是科学素养的直接体现。这正是为师三年孜孜以求的最大目标。

五、学生对真心的关爱从不嫌多

最近收到一捧百合，送花人是25年前毕业的女生。她在外地工作，去年底就说要来，可未能如愿。今年回来过年，就冒着大雨赶来了。我们开心地聊着过去。那时她是个怯怯的小女生，坐在第一排，大大的眼睛，上课时特别专注。那时我才走上讲台第四个年头。还有那帮过去的孩子，过去的老师，以及现在已经长大的一帮同学，他们生活的不易……她把她的保温杯放到一边，双手捧着一杯沏好的绿茶，我们谈彼此的家庭、孩子。才知道她爸爸是军人，因哥哥夭折，爸爸妈妈决定再生一个，于是就有了她。当她把那一捧百合插到花瓶时，从插花动作可知，她还是那个喜欢生物的小女生。百合在腊月次第盛开，清香满室。

是什么让这位女生记住了我呢？依稀记得是初二运动会，在1500米比赛中，瘦瘦弱弱的她，竟然跑了个第一名。我真心地向她祝贺：真厉害，有毅力！其他就再没有什么交流了。从她今天的叙述得知，她两个姐姐跑步也很厉害，当时她得第一，也许并非就是有毅力。但那又何妨？老师那一句祝贺的话，还是让她铭记终生！

虽然只是一句鼓励，可学生对教师给出的真心的关爱从不嫌多。

六、虚假学习与浅表性学习

1.虚假学习

公开课上，教师问："一个神经元能完成神经调节吗？"学生答："不能。"教师又问："那至少需要几个？"学生齐答："两个。"

我问身边的学生为何是两个？她说一个不行，那就两个呗。我让她翻开教材上的膝跳反射模式图，她才恍然大悟。

显然教师提问的知识目标与学生解决问题运用的知识目标出现了偏差，教师提问的考查目标不唯一，会造成了学生虚假学习。

2.浅表性学习

在高三第一轮复习快结束时，一位学生来问：老师，"蛙是哺乳动物吗？"我非常吃惊。果然，她高三后几次考试都在退步。在第三次大考结束时，她哭着来找我："老师，我在生物学科花的时间并不少，怎么总考不好呢？你能不能给我指出一些不足？"我说："你的刻苦有目共睹，如果有缺陷，那就是思考总结不够。比如你昨天问那个让我吃惊的问题。"她也想起那个关于蛙是不是哺乳动物的问题。我说："至少有几个思考的学习节点，你可以思考解决这一问题。一是第一次学蛙的红细胞核进行无丝分裂时，要进行DNA复制，应该有提供ATP的线粒体。而哺乳动物成熟红细胞可用于提取细胞膜，这样可避免细胞器膜等干扰。如果蛙是哺乳动物，这两者叙述是矛盾的。二是选修1提取血红蛋白时，我们选取哺乳动物成熟红细胞作为实验材料，是排除细胞核、细胞器中蛋白的影响。三是可以思考一下哺乳动物概念的内涵。加上我们复习过程，你总共至少有五六次思考这一问题，你却都忽略了。由此可见，你在学习时思考总结得不够。没有自己的思考总结，知识是无结构的松散状态，自然易忘，也不会运用。"听到这里，一直感到委屈的女生睁大了眼睛，止住了哭泣。

学生只有通过思考总结，主动建构，才能避免浅表性学习。其实教师也有责任，我们平时有过提醒引导学生进行思考总结吗？专门训练过吗？没有。我们呈现给学生的学习形式，都是浅表性学习，让本应成为常态的深度学习，却成为学生自然顿悟的过程。

3. 评价让学生更加执着于浅表性学习

有一个高考模拟试题是研究遮光对黄瓜生长影响，题目中有一问："用遮光来研究光合作用产物，需要进行的关键操作及目的是什么？"我懵了，答不上来。是测光合速率设置只有呼吸作用的一组进行对照，还是以同位素标记示踪法测定光合产物变化过程？一看答案，竟然是遮光法进行饥饿处理，以消耗掉淀粉。题中从未提及检验淀粉法，明显是题目所指不详。更让人惊讶的是，许多学生竟然答对了。显然这些学生不是靠逻辑推理，而是蒙对了。因为这些答对方法的学生大多认为目的是消耗完已有光合产物。这是对方法原理没达成理解，只是进行机械记忆学习的又一证据。如果我们的评价结果是逼迫学生提高猜答案的能力，这便是助长浅表性学习，与深度学习完全南辕北辙。看到有这么多的学生偏离了深度学习的方向，怎么能谈培养学科素养？哪里培养了解决问题的能力？细思恐极，这真是我们三年学习的最大失败！

七、从光合作用与呼吸理解生命

今天复习有氧呼吸的总反应式时，突然想把它与光合作用产生葡萄糖的反应式联系起来看。你会发现什么？氧在光合反应中的来源（O_2中的氧来自反应物水，葡萄糖和水中氧来自反应物CO_2），正好是呼吸反应中的去向（O_2中的氧全部去了生成物水中，葡萄糖和水中氧去了生成物CO_2中）。自然是如此的和谐！

生命中最神奇的两大反应如此的对立，却又如此高度的一致。氧从光合作用中怎么来，就会在呼吸作用中怎么去；反之亦然。光合作用如果代表C、H、O原子结合成生命，呼吸作用就代表这些原子离开生命系统的过程。生命就是一个不断来来去去的过程，再裹进了一些太阳能，驱动这些分子形成生命。人生，不过是太阳能驱动的游戏，只不过它是一场可以非常精彩的游戏。

在讨论人类对作物光合与呼吸利用时，我们有一个经典的观点：一天中要尽量促进有机物积累（白天使光合作用尽量强，晚上应使呼吸作用尽量弱）。下课了，一个女生问："那晚上植物就不要生长了吗？"我呆住了。她继续发问道："从经济效益看，应该是让呼吸作用低到不行，濒临死亡地苟活着。可这样的生活状态，第二天植物还能有最好的状态去光合作用吗？"确实是这样，低温胁迫下的生长一定不是最好的生长，如植物要在暗夜里运输、贮藏光合产物。所以，只有晚上健康地活着，才能保障第二天的工作效率。这一原理草木与人无异。

生命是一个系统，从来不从一个局部简单计算出最大或最小值，而是要整个系统效率最大化。

我一味地从温度与酶活性来理解一株植物，而那个女生呢？她更透彻看清了植物也是个需要健康的生命系统。

八、教育的方式不拘一格

晚自习中，总有几个调皮的孩子听着耳机，我虽建议过几回，但效果不大。有的说音乐会让他更清醒；有的说听的是按摩音乐，会让疲倦的神经更放松；还有人说这是他自己经验，听音乐做题效果更好！

一天，讲试卷时，一个简单的问题自己竟然做错了，我坦诚承认了。学生们开心极了。看他们有些取笑的得意样，我忙辩解："这是昨晚看电视时做的。""做题时怎么能看电视呢？"同学们不依不饶。"这是我错了，下次一定改正！"一看形势严峻，我赶紧认错。"这还差不多！"大家更得意了。

可是就以我这样认错而结束，似乎心有不甘，或是意犹未尽。我又赶紧补充："看来做题是不能看电视，可是能听音乐吗？"教室里立马安静下来。接着同学们都会的齐答："不能！"同时，都把目光投向那几个调皮的同学。

九、怎样使一节课生香增色

初春，开学就学"其他植物激素"一节。这一节课内容琐碎，我自己也觉得枯燥，于是课前狂查了一通资料。

关于赤霉素，课堂上突然想起春天来时，它能打破休眠，最先启动种子萌芽。我便突然觉出三分诗意，一分得意。

植物的伤流液中有许多细胞分裂素，细胞分裂素能促休眠芽萌出，所以枝条断口总会长出许多芽，生出许多枝。这节课与自然有了对接。

在学习乙烯能促进果实成熟时，我介绍了乙烯是常用的果实催熟剂。试想吃到这样的催熟剂对你有无影响？乙烯是否把你也催熟？大家都笑了。同时也觉出教材与自身生活的密切联系。

再介绍脱落酸，先前只记得瓜熟蒂落。忽然发现女贞、樟果冬天仍立在枝头，它们在等待什么？这些在冬天也没有落下的果，脱落酸含量应该较低。这些植物肯定在等椋鸟、鹌鸟，等着鸟儿把它们的种子带向远方。我说这是一群更有"理想"的植物。它们"有意"让脱落酸更低浓度，这时学生们眼里放出光来，他们一定被这类植物的"理想"感动了！

回头看看，那些让课堂生香增色的内容，只有伤流液中含较多细胞分裂素是新知识而已，其他都是平日观察积累。春天怎样开始萌芽？催熟剂对我们生活有何影响？冬天为何有的果不脱落？这些都是我猜到学生会关心的问题。

关心学生的关注点，这是一节课成功的起点。对平常生命现象进行深入理解，让学生体会生命的美妙，则是较难修炼的教学智慧。

十、用观察感悟生命

如果你在高一时向学生讲解观察蚂蚁的实验，到高二学生就会报告养跳蛛的实验，告诉你看到的蜘蛛孵化，告诉你跳蛛为何与你对视？他们还会告诉你瓢虫怎样喝豆奶，以及怎么用荧光笔让瓢虫回家。

一个夏天课后，一个女生追过来问："老师，昨天我突然发现蝉叫的时候总是一起叫。为什么呢？"我突然觉得是这样啊。一阵安静后，一只蝉领头开唱时，立即有其他的蝉跟唱，独唱立即变成合唱。我却从未注意过，眼中不禁为她点赞。停顿了一会，我给她的观点是："也许这样鸣唱效果最好。在别的雄蝉叫声的基础上，叫声有优势的蝉声更能引起雌蝉的注意，也有利于雌蝉的选择。"

其实，答案的对错并不重要，重要的是学生观察的过程以及观察给她带来的乐趣和思考。

文科班最后一节课下课后，还有两位女生在讲台上和我说她们昨晚看到的白蚁：一种会蜕去翅的昆虫。那是交配后的雌虫，是准备找地方产卵的，旁边一定有未蜕翅的雄虫。

这是我喜欢的学习方式：观察生命，感悟生命。也是我最想留给每个将要离别学生的学习方式。

这就是教师的幸福！能以自己对生命的研究唤醒学生对研究的渴望，以自己对生命的热爱唤起学生的热爱。

十一、铁线虫

上周课上，我介绍了自己养的一只跳蛛。昨天，一位调皮的男生告诉我，他养了一只螳螂，可惜被铁丝虫寄生而死。还好他录了视频，等课前演讲放给大家看。虽然从事生物教学几十年，但是直到前几天去泾县，才第一次认识铁线虫。

铁线虫也叫铁丝虫，螳螂是其中间宿主。如果在山间看见一只腹部膨大的螳螂，挤压它膨大的腹部，就会从肛门钻出5号铁丝粗细的铁线虫，长可达20～30厘米。比蛔虫略细，但体壁坚硬，即使在水泥地上用石块尽力挤压，也不会轻易断裂。铁线虫体色有黑、灰两种，常见到两条体色不同的铁线虫寄生在同一只螳螂腹中。被强行从腹中压迫出来的铁线虫，先四处探索水源。如果周围无水源，它们就会扭成一团。

据研究铁线虫会分泌蛋白使螳螂产生渴觉，那些在村舍水泥场、水泥路上漫游的螳螂，大都是被铁线虫蛊惑，在寻找水源，并会投水而死，从而使铁线虫重回水中发育成成虫。

铁线虫又将卵产在羽化的昆虫身上，当这些昆虫成为螳螂腹中美食时，铁线虫又回到螳螂的消化道中，那里湿润，又营养充沛，且足够安全。首先螳螂是自然界拟态伪装的大师，我曾见过一只螳螂，把桃红色的头、附肢和腹部上翘，围成一朵花状，腿还不断抖动，宛如一朵风中乱颤的新花。其次作为冷酷杀手，螳螂贵为昆虫界的顶级捕食者。

即使进化完备如螳螂，也会无法逃出铁线虫精心设置的一个又一个陷阱，无法逃脱自然法则的制约。这就是伟大的自然秩序。

十二、情境对于记忆的意义

学习的意义在于保证记忆的丧失不是全部丧失。而这少量存留下的部分，又能在我们需要的时候，把经验中的一件件事勾勒重建起来。什么样的学习材料能担此重任？它们能成为记忆中的"种子"，在条件许可的情境中，自然生根发芽，开花结果。

一是感性细节。在一个冬天的办公室里，我正焦躁地批阅试卷。一种气味从窗外飞入，扑鼻。那是一种难以分辨的气味，却又分明透着亲切，感动。我扇动着鼻翼，搜集的气味分子一再入肺、入血，入脑，终于分辨出那是稻草焚烧时散发的气味。那种亲切感动从何而来？那是二十几年前奶奶出殡时，棺椁一出大门，就要跨过一堆焚烧的稻草。那个悲伤的早晨，到处沾满焚烧稻草的气息，包括脑海深处的记忆。感性的细节最能打动人，感人至深，使人记忆深刻。这在理科学习中是属于稀缺资源，难能可贵。

二是理性概括。在学习内环境稳态这一概念时，学生很难理解其稳定具相对性的特征。这时可以罗列 pH 为 7.35 ~ 7.45，体温为 37.5℃ 这些数据，让证据说话；也可以请学生思考，你坐在那，能否让自己的体温保持 10 分钟不变？你眼里看到的信息能否让你保持十分钟心情波澜不惊？体内激素分泌纹丝不变？外面的风速始终如一？如此有细节的描述，产生丰富的画面感，让学生立即理解稳态为何具相对性的特征，同时也理解了生命调节在内环境稳态中的意义。

十三、意外收获

因突然外出当评委，周一少上了三节课，周二没课，周三又赶上清明长假，心中不免暗暗窃喜。

周三晚上，一位男生打来电话。

"老师，你到哪去了？"电话里的语气充满责备和焦虑。

"我去做评委了。"

"我们班作业周一就送到办公室了，今天去了两趟你也不在。"他有些急促。

"哦，我是周二才回来改的。"心里忽然为刚才的窃喜有点自责。

"对了，周六上周五的课，我们班有你的一节课，你能上吗？"

此时，我才听出那是我的课代表，这两天刚好没他们班的课，他们的班主任一定没告诉他们我出差的原因。

"嗯，我能上。"

又沉寂了半晌，他才缓缓说道："我只是想打电话问问，老师你没事我就放心了。"

"嗯，老师没事。"

直到最后一句，我才听出他的担心。

其实平时他是个沉默寡言的男孩，个子不高，才十五岁。我们也才认识半个多学期，所以听懂他的担心后，尽管已是三十年教龄，还是感到眼眶一热。

十四、做一个纯粹的人

那年接到安徽省教院邀请，去上全省特级教师的展示课。有人说不要上了，作为教师，你已经不需上公开课。这次上课有一个省优质课一等奖的青年教师也去展示，这完全是只有风险而无必要的一个任务。

我却坚定地答应了，原因有众多相信你的人在期盼。站在讲台的人生是需要在教学上给自己一个总结。这不只是给爱你和支持你的人一个交代，还要在人生的第四个本命年，给一路思考作个宣示，也算是给社会一个回馈。

经两个月的准备，辛苦至耳鸣，再紧张至几乎失眠，终于在一个早晨成功完成。看到一个教室内挤满200多名教师、教室外还站满几十名教师；听到老师们说，"真是专家水准""收放自如""只有你才敢这样上"；听到人教社专家说，"对科学教育理解透彻""感觉是大师般享受"；看台下满是虔诚而景仰的目光，感觉自己就是一丛崖顶千里光，愿意萎缩憔悴掉全部叶子，全部换成银色花瓣的菊花，在瑟瑟的深秋里怒放！

临别时，省教科院的专家来道谢，感谢"这是一个纯粹的人做了一件纯粹的事！"

把人和事做到纯粹，再散发出自然和岁月的光泽。这不正是自己笃信的最本真的人生境界！

实现终身教育

让生命科学成为终身教育

一、缘起是分享观察生命的感悟

积累了多年的观察记录以后，自然想和几个身边朋友分享。于是先是做了微博、美篇，后来学生建议在微信平台分享更方便，最后观察记录只发布在微信公众号"斑窥生命"上。

公众号的名称来自学生，因为他们常称呼我为"斑斑老师"，只因"斑"字意恰与本人姓名字意暗合，另借"窥一斑而知全豹"之意，志在为普通大众拆解生命现象里潜藏的生命规律。

受《瓦尔登湖》的影响，做一个自然生命的记录者，一直是我心之所向。《昆虫记》惟妙惟肖的描写，也是我向往的最好记录模样。能否结合两者的优点，从普通人身边的生物世界出发，来观察、剖析生命的美好，从而使更多的普通人学会欣赏和热爱生命，成为我心中努力的目标。

苦于工作繁忙，一直不能静下心来做。年岁渐长，空闲时间多了许多，才得以重拾心愿。

二、效果

公众号开通两年来，虽只发表二十多篇文章，但每期阅读量都达二三百人次，最多达三千多人次。

没想到很多学生都关注了这个公众号，还有很多是学生的同学。停更的时候，还会来催促老师更新。

很多人都对细致的观察赞叹有加，很多人也分享了他们的观察体会。这里成为观察生命、分享感悟的一片净土！

三、体会：所有的生命都可爱

1.没有哪种生命丑陋

尽管我大学学的生物学，也曾对某些小动物没有好感。

西瓜虫，专以腐朽之物为食，颇有不洁之嫌。2011年夏天，我在河南新乡陪学生参加竞赛培训，那里路边的西瓜虫特别多。如果忘记旁边的污秽之物，仔细看西瓜虫，它们也有很多可爱之处。如果为了从路牙下到路面，要通过一个10厘米的悬崖，它们就会把自己先蜷缩成一个球，自然滚下来，很好地缓解了冲撞。因为雄性个体较大，往往以蛮力强行抱住体型较小的雌性个体求欢，但据我观察，只要雌性一直保持球形状态，雄性的野蛮行径，90%不能得逞。

我突然觉得这种小动物也有可爱之处。

2.观察总有新的发现

长着大眼睛的跳蛛，是那么的可爱。可为什么要到夏天快结束的时候，我们才能看到跳蛛？一个酷夏的观察我终于发现：跳蛛是为了捕食蜘蛛、昆虫等，夏天就要结束的时候正是蜘蛛昆虫成熟的时候，营养丰富，又已经产下了后代，这时候捕食最符合经济效益和生态效益。

3.没有哪个生命过程不能体现规律

为什么夏天的知了叫得烦人？这是因为处于土壤深处的知了，只有夏天才能接受热量的辐射，钻出土壤。如同水底的荷只有酷夏，才得以伸出水面开出花。知了吸引异性交配后，在枝条上产卵，待枝条枯死才能把卵带进土壤。而要让被产卵的枝条枯死，最热的天气是最好的选择，于是许多知了都选择了酷热的天气，因此吸引异性的竞争就愈加激烈，叫声就愈加密集而高亢。

四、远景目标

我会将过去和将来的观察记录系统整理，争取定期更新。让更多的人体会生命的美好，让"斑窥生命"成为师生终身共享生命之美的舞台，成为陪伴学生成长的港湾，让生命科学教育真正成为终身教育。

立足生命科学的优势，基于自然生活，关注探究和身心健康，关注终身发展和终身幸福，乃我心目中的理想生物科学教育，我称之为纯粹的生命科学教育。终身教育正是纯粹生命科学教育重要特征。

四季之歌

一、早春的熊蜂

这本是山洼里一片撂荒的薄田，约十年前被承包者种上枫、李等苗木，用铁丝网与村庄隔开，成了苗圃。

春分刚过，城里李花将息，这里的美人梅（实际是梅与李的杂交种，故称为李）却芳菲满树。这几亩李花又红又盛，宛如一抹烟霞，绕在山脚，藏在荒林。

高树上不时传来"叽—啾—啾"的长啸，很像牧人有力的口哨声，这是一只啄木鸟在兴奋地歌唱。除了熟悉的身影外，还有一种不知名的鸟，身形像林鸲，但细尾短小到近无，矫健地在高枝间穿行。

一条溪水蜿蜒而过，水边杂树夹岸。树上木通和树下蔷薇都早早泛绿。它们都要赶在乔木绿荫遮蔽之前，好好独享初春的艳阳。木通更是心急，叶还半黄，绿色花苞已半开，但水边萧瑟林密，蜜蜂不知，蝴蝶未见。好在熊蜂早已知道了木通的心思，几十只熊蜂集体造访，低沉的嗡嗡声响彻林间。

直到午时，熊蜂的心思才被一块菜地的金黄打动。来此探幽的还有嗡嗡声更尖厉的蝇和木蜂。木蜂身材比熊蜂略瘦，但仍属壮硕蜂类。这种木蜂胸部一圈黄色刚毛看似粗糙，但它们却精灵古怪得出奇。无论我怎样蹑手蹑脚，它们始终不给花前留影的机会。

在小溪对岸山冈上，有一大块显眼的油菜花，蜜蜂们正在那忙碌呢，忙得连抬头的工夫都没有。难道是它们近视的目光无法越过溪流和桉树，或者是它们的侦察蜂根本不在意这些稀疏的芳踪。

下午4点，啄木鸟的歌声也累得歇了。蜜蜂和蝇都从花丛撤退，只有熊峰仍忙得上下翻飞，沾得满头满身都是花粉，看来最为勤快的，还是熊蜂。

至于来自法国园艺的美人梅，虽美艳绝伦，但几乎没看到熊蜂去搭理。原来生命只有协同进化后才会彼此"亲切"。

我知道，秋天时，这溪边高树上，定会挂着木通的果。果肉甜蜜细腻，且有种奇香。如果下次遇见，在品尝之前，一定要感谢这春天的熊峰。

二、晒太阳的小䴙䴘

三九的第七天，温度降到-8℃，天空澄澈，湖水碧透，水中荷秆已开始朽黑，且一丝丝离析。鱼儿们是否也难以遁形或游动得更慢？反正湖上小䴙䴘数目一天天在增加，雄性纷纷在湖面发起叼鱼求爱的仪式。午时，六只小䴙䴘又来到湖心，偎在一滩睡莲周围。此时湖上无风，日偏西南，每只䴙䴘都头朝东北，尾向西南。双翅微张，翅下银羽闪亮，根根半竖。

我靠近一点，它们都只头微偏，目稍侧，丝毫没动弹的意思。另两只落单的䴙䴘也一前一后游来，怯怯地靠近那滩睡莲。先惶恐地环视一番，没有发现任何敌意，接着停正了身子，举翅加入了它们的行列。

全体䴙䴘散在一滩水草旁，如同依恋旧时的巢，回到最初出生的时光，没有偏见，没有纷争。

我知道它们肯定不是一起出生的䴙䴘，却亲切静卧一处，这种行为是古老的仪式或是有难以抗拒的惬意？即使在岸上看着，也能觉出它们有几分目迷神离。它们或睡了或是醉了。

即使在三九寒天，湖水凛冽，生命也能找到一处时空，那里阳光正暖，正合微醺静卧。

三、暮春五月

当柳绵飘罢，杨絮又起时，五月绵软地来了。当莲叶铺满河面，蜻蜓占领每一片静水，五月轻轻地来了。江南的五月，天空开始飘着蓬松的云，空气变得濡湿，五月的阳光更加温煦，让每颗慵懒的心成为一粒阳光下融化的糖，静谧甜蜜。

此时最适合走在一条细细小路，通向绿浪翻滚的麦田，或是空旷的原野。看风中的生命肆意挥霍，你自然也会生机盎然。

其实哪怕看似安静的原野，也已被矶鹬占领。那是江南最霸气的鸟！你的闯入早已引起了它们的愤怒，它们夫唱妇随地"叽叽"高叫，升空，再一前一后地盘旋在你的前方。蓝天下，平伸的翅左右各一条白杠，拼成一条笔直的线；奋力展开的尾上，则有一条直直黑杠，与翅上的白杠平行；双足伸成更细的纵向平行线，越过尾尖，辅以响彻原野的三连音，无处不在彰显主人维护领地的决心。愈加急促和响亮的"叽—叽—叽"，让你心跳陡增，血管贲张。你每靠近一步，警告恐吓就强烈一分。如果再靠近，它就会迎面俯冲下来。你只有选择后退或绕开，叽叽声才逐渐减弱，并透出轻快，仿佛一定要在庆功的欢鸣中，它们才肯先后着落草地上。

你不得不敬佩这种勇敢而高傲的鸟。

当然，你也可以饶有兴味地绕道去更静谧的山坡。那里每一寸土地都闪着绿光，让你紧绷的心情马上变得酥软。竹鸡在野竹丛中恣意地大叫，画鹛在高枝深情地呼唤。芳菲大多已尽，野笋丛生，枝头更是子实累累，头顶有通紫的桑葚，脚边是殷红的大麦泡。你可以摘到手软，吃到唇紫，直至腹胀。桃李虽谢，但更细碎的小花会缀满每一处绿色的缝隙。林下有黄色的委陵菜，蓝色的茉莉草，红色的紫堇，它们都在精致地装扮着最后春光。当然还有更香郁的忍冬、楝花，把清芬揉进每一丝空气。

如果身体慵懒了，你可以随意小憩在一片绿荫里，看瓢虫在叶上缩起足化蛹，听笋衣跌落的回响，或随手摘一片禾草叶，轻咀出甜香。这就是五月，也许比盛春少了视觉上的明艳，却更芬芳而甜蜜，是感觉上更丰满的春天。

四、遇见美丽，只缘于一念

一个秋天早上，夫人惊讶家里怎么有一种臭味？一闻是一阵氨臭味，从阳台上传来。循臭寻去，阳台外无味，低头一看，原来是观音芋开花了。在宽大的叶下，在叶柄丛生处，静静地藏着一朵紫色的花。佛焰苞大若掌中紫砂壶大小，一抹纯正的深紫，在晨光中杂几丝透亮的白皙。像一件腹挺口阔的酒器，形端气正，又像一件倒置的长裙，裙衬紧绷，弧线雅致，外缘再拖曳一条细长翻卷的绶带，美轮美奂。未曾见到如此优雅的花，无论形色，都使人觉出惊艳。我被惊呆了，忘记了它的臭味。

其实这是一种山间林下的普通野草，也是偶然随一盆文竹来到我的书桌。只是刚生出的细叶皱缩孱弱，难辨其形，顿生不忍去除之念，后两叶展出心形，有几分可爱，就允它寄于竹下。后来，文竹枯萎，就把空盆扔在阳台上，任其生长。

经查，得知其有毒，名观音芋，也叫坡芋、犁头芋、大叶半夏等。其无须浇水，也无须施肥，但见叶柄渐粗，紫色渐深。经冬春至，二叶增至三叶，再四叶五叶，叶尖凸成犁形，这种植物颇似一位勤俭节制的农人，一年年扩大自家耕作的田地。

虽对外界风雨无惧，但对扎根的土壤特别敏感。一次，因我从边缘取走一抔土，它茂盛的叶轰然倒塌，然后再悄然生出嫩芽，重建它的身躯。就在我以为它只长叶不开花的第四个秋天，它竟然开出了花。

它美丽的花只开了一个白天，晚上便开始褪色，枯槁。可惜纱窗阻隔了为它传粉的昆虫，它在阳台四年的积蓄就这样被一天挥霍了，无任何收获。

第五个秋天，它又开始散出臭味，我把它移到窗外，还是无果而终。逾一月，它又开出一朵花，我用棉球涂抹其花序，仍毫无帮助。

第六个春天，它竟然又开出花来，繁衍的意念真是急切而顽强！但愿这个春天，能遂其愿，否则每见到这种美艳又执着的花，我竟有了负罪感。

我更喜欢称它观音芋，如此命名的人，一定是位孤鸿般的幽人。惟如此，方能只在一年的一天，也能得见坡芋生命的雅致。

有时，遇见美丽，只缘于一念。

五、寒冬的美好

2月5日最低气温-5℃。雪果然是城市里的稀罕物，即使不化，也经不住这城市降尘亵渎，才三天大多已经蒙上一层黑色粉末。午时，偶见河岸边的积雪无染。忍不住抄起一把，好把它的洁白留下。真巧！俯下身的一刻，就听到一只银喉长尾山雀的叫声。循声望去，见到它正在河边阳光下灌丛跳跃，一身青灰，黑眉，喉部有一圆圆黑斑。

这是暴雪降温后，第一次遇见它们。万幸！它们依然安好。仔细清点，竟有七只。一阵阵尖细"嗞-嗞"声，此起彼伏。其实它们是去年新来的一对山雀，另外五只是它们的孩子。它们精力充沛，在水边灌丛忽上下翻飞，忽左右飘移，其乐融融。

由于抓拍角度不佳，决定还是先去食堂吃饭。再回到河边，也不过隔了半小时左右，阳光已从刚才的河边灌丛完全消失。好在阳光又照亮了河对岸，这群山雀自然不会错过这段美好时光。它们又在对岸找到美食，贴着水面的灌丛雀跃不止。有两只幼鸟显然早吃饱了，开始在岸树间闲逛。当然它们胆也很大，停在不到一米远处板上，还敢瞪眼瞅着我的镜头。

寒冬也有美好，可让生命只在逼仄的午的空间里行走相遇。

午休的困意顿消，我兴步走向更远处的河流。夏天的清淤工程清出的污泥堆在一角，只是被竹篱、尼龙布隔开，成了暂时隔着污流的污泥池。夏末污泥池沉积成浅滩，秋末浅滩竟然长出了水藻，密密的黑藻在水中晶亮摇曳。那里成了一汪净水，如果再深些，一定鱼翔浅底。至少眼下，钻过帆布缝隙，有一只骨顶鸡很是惬意地徜徉其间。突然，岸边出现一只苦恶鸟，先沿着竹篱小心攀爬，再一副娉婷悠闲地踏入浅滩。眼前的景象忽然让人回到四十年前，面对一片青青秧田！

礼佛的麻雀

在冬天混沌的淮北平原，走进蒙城一座破败的公园里，才能看清万佛塔。我是在很远处就喜欢上这座塔，相较周围粗粝的现代建筑，它挺拔俊雅，绝对称得上钟灵毓秀。

这座八角十三层楼阁式砖塔，是佛教中最高建制。塔前没有一位信众，没有一处拜垫，塔上嵌入的琉璃万佛，陷入集体沉思。

此时，唯一的喜悦来自在此礼佛立命的十几只麻雀。它们携家带口，呼朋唤友。时走时停，捡拾路边散落零食和池边虫豸。无人时从塔上跃下觅食，有人让它们感到危险时飞上佛塔避险。

塔壁砖面时多有罅缺，而麻雀的家大多安于佛塔东南的1~4层塔檐下，绝无例外。

这第一层塔高约五米，是鸟类距离人类的最小安全距离，是麻雀安身立命的底线，而四层以上则是这片贫瘠土地能支撑羽族高飞的生命禁区。此外，平原上冬天的风也是生命不可违逆的禁忌。

这座佛塔至少建于北宋，应该是从那时起，麻雀们就世世代代据守某一处可意的窠臼为家，就这样上上下下、日日年年。每年一代，千年不息。

　　这寂静里园中，一个人静静地看麻雀们往来于塔上与地面。仿佛时光的轮回就简约成对这座佛塔的一上一下，而一年又一年的一上一下就恰好对应着它们生命的轮回。在这个没有人的晨光里，心中不禁泛起一种禅悦般的温暖，仿佛会意了麻雀们用千年生死才参透的一部真经。

小蚂蚁大智慧

一、疯狂食客——小黄家蚁

在常见的蚂蚁中，小黄家蚁是最小的一种。你在路边，看到一种芝麻大小的黄色蚂蚁，多半是小黄家蚁。

认识小黄家蚁是一个不愉快的过程。那是一个夏天，我刚搬了新家。一天早晨，厨房的灶台上出现了几只蚂蚁，我就用抹布把它们粘到水池，一冲了之。中午回家，发现灶台黑压压的一片，几乎全被它们占领了。处理完毕，我开始紧张起来，开始寻找它们的来路。仔细查看，水池边有一根铁铸管，是水池的下水道。外管壁疙疙瘩瘩，与灶台有一缝隙，蚂蚁就是从那源源不断涌出的。

我首先想到的方法是驱逐，在缝隙内外足足滴了半瓶风油精。结果蚂蚁只消失了半天，最后它们还是蜂拥而至。我又想到第二招，堵。家里还有装潢余下的腻子粉，我把铁管周围缝隙糊得严严实实，可它们又从水池边的缝隙涌出。

心情不由得暴躁起来，我终于用开水烫，并把尸体堆在它们出没的洞口。杀鸡儆猴的野蛮做法似乎起到了震慑作用，它们战战兢兢缩在洞内，但两只触角仍在向下倔强地试探。果然，过了一会它们还是大胆涌出，真叫人崩溃！

冷静下来一想，以上全是"堵"的思路。为什么不试试"导"的方法呢？我开始反思它们为什么来？它们来到灶台，最后目的地却是装糖的瓶子。原来灶台上有一粒粒细小的白糖，那是前两天买回来装瓶时洒落的。于是我把灶台彻底清扫干净，把所有瓶盖拧紧，小黄蚂蚁就悄然撤退了，再没来过。

原来是我家灶台的一撮白糖惹的祸！它让小蚂蚁从楼下就嗅到美味，沿着黑暗的墙缝爬了足有十米，可谓极其艰苦才找到这些糖。它们真的无辜！它们来到这个世界，遇到糖就去享用搬运，这都是天经地义呀！如果要怪，只能怪它们的触角太灵敏了，能嗅到人类居所中别的蚂蚁无法发现的食物。瘦弱的身板本想借此神功在蚁类立足，不想却因此招惹了我。

经此事，也让我重新定义了小黄蚂蚁：它们真是一群贪吃到不要命的疯狂食客。

二、悲壮的铺道蚁

走在人行道上，小得分不清头、胸、腹的是黄家蚁。如果有一群刚能分清三部分，那一定是稍大的铺道蚁。

最不喜欢环卫工的小动物一定是铺道蚁，因为它们每天起得比环卫工还要早，如果起迟了路边落在家门口的花、果就被当作垃圾运走。似乎它们也想到了对策，于是便在垃圾桶旁安家。

好的路段，每隔两边路牙石，就有两群铺道蚁。夏天只要晴一周，铺道蚁就会爆发战争。在森林步道边缘，谁撒一地狗粮，惹得几百只铺道蚁在躁动狂舞？难道是狗粮的味道让它们更加兴奋？铺道蚁密度可能真的太大了，才往前走几步，就见到两群铺道蚁正在殊死搏斗。我把三颗狗粮移到几步外的战场，所有蚂蚁都停止了进食，躁动一团，很快混入战场。我又用一片樟叶把几只战斗中蚂蚁移到路牙上，几对死敌仍相互咬合，不为所动。可当我移来一颗狗粮时，进食、战斗的蚂蚁都一阵骚动，许多蚂蚁都拥向狗粮，仍然死咬的就只剩两对了。看来，铺道蚁是一种容易受气味鼓动的动物，迷恋一种食物的气味，为一种气味去战斗。

当然如果置身战场，它们就会忘记食物的气味。战斗时间越长，战斗意志愈发坚定。两只体型相当的铺道蚁搏斗，战斗的最终结果会是两败俱伤。

早晨见到一团混战的铺道蚁，天黑去看战斗的结果时，战场上只剩零星的在战斗。仔细看死亡的果然是一对一对的，这些铺道蚁战斗时，消灭对方的战术是死死拖住对方，不食不饮，直到饥渴而死。

我才明白，原来两群铺道蚁消灭一方战略极其简单，蚁海战术，以一命搏一命，杀敌一千，自损一千。每只咬住对方的铺道蚁，都怀着必死无疑的决心在肉搏。铺道蚁的战略极其简单、原始，但不可否认，也极其的悲壮。

三、粗中有细的大头蚁

如果你看到一列蚂蚁有大有小，大的身体是小的身体的三倍，且头大体长，这一定是大头蚁了。小个子在前面领路，大家伙在兴奋地跟着，这幅看上去有些滑稽的画面，一定是去掠夺铺道蚁的美食。路边的美食很多，有热死的昆虫，有人类丢弃的垃圾，有树上落下的花果，需要的就是耐心寻找，一般都是昼夜辛勤的铺道蚁先发现。本应该先到先得，遇到有大兵蚁护驾大头蚁，规则就变成谁厉害谁得。

若是铺道蚁遇见体型相当的大头蚁工蚁，双方势均力敌，但如果遇到的是大头蚁兵蚁，五敌一也无取胜可能。兵蚁的巨颚一口就能把铺道蚁"咔嚓"剪成两截，铺道蚁立即溃不成军。所以，只要路边有肉食美味，一定是大头蚁霸占着，且一定有几只重甲兵蚁在外巡视。

在一个冬天午后，我想看看一家铺道蚁是否已冬眠，于是扔下一团糖饴后，在一旁观望。在香甜的诱惑下，铺道蚁很快围拢成一圈，大口吞咽这冬天难得的美味。原来它们躲在洞中，只是诱惑不够而已。不想远处的大头蚁也没睡去！嗅到美味，立即来了七八只工蚁、两只兵蚁大摇大摆前来抢食。

也许铺道蚁觉得自己一方蚁多势众，或是觉得冬天的糖饴太宝贵了，或是觉得受大头蚁欺负太憋屈了，于是群起反击。毕竟在数量上占绝对优势，几只大头工蚁四散而逃。两只兵蚁六只足也被咬住，拖向六个方向，动弹不得，腹部不断受到其他铺道蚁攻击。看来它们早有攻击这些庞然怪物的战术，只是轻易不试罢了。

可就在铺道蚁还没来得及欢庆胜利之时，大头蚁又搬来六只兵蚁。

但铺道蚁战术得当，很快五只兵蚁又陷入蚁海战术，就在我以为铺道蚁将一雪前耻时，最后一只兵蚁突发神威。它先跳在铺道蚁群外周寻找战机，瞅准时机，然后从后面猛扑过去，咬死一只，扔在圈外。若有几只铺道蚁追击，它就很快跳出，绝不和对方纠缠。一次次突袭成功，使它行动更为敏捷，出击更加精准，终于以精灵般的出击，连杀十几只铺道蚁，铺道蚁信心骤降。胶着的战局从战场一角开始松动，铺道蚁防线开始崩溃，更多的铺道蚁选择撤退，被缠得不能动弹的一只只兵蚁也开始获得解脱，战局终于得到彻底扭转。铺道蚁最终未能赢得一雪前耻的机会，只能可怜巴巴地退到廊柱一角，朝着糖饴方向，不停地抖动触角。

虽然大头蚁天天都在杀戮、抢劫，但是大头蚁的战斗意志仍让人敬佩。哪怕小到2毫米长的工蚁，如果遇到日本弓背蚁工蚁（长约1.5厘米），它们也敢于搏斗。一次，一群大头蚁工蚁占据了一块甜美的香蕉皮，不承想遭到日本弓背蚁的觊觎，双方发生殊死搏斗。最终结果肯定是弓背蚁获胜，但几只弓背蚁行走趔趔趄趄，细看它们的足上都挂着赘物，那是大头蚁的头和胸，或是头部。原来大头蚁虽小，但一旦咬住对方，即使被弓背蚁咬去腹部，再咬去胸部，哪怕只剩下头部，也绝不松口。所以，大头兵蚁只要出击，要么凯旋，要么战死沙场！

一个大头蚁群的兵蚁不过十来只，战斗效果却是出乎意料的好。它们从最初的美洲，到现在扩布到全球，成为蚂蚁家族第二大属，算是最成功的小蚂蚁。这种进化对策的优点在于不需劳师动众地觅食，只需派几个哨兵，觅食效率大大提高。发现食物后，只要有凶猛的兵蚁，所有的食物（高蛋白的优质食物、猎物）就尽为己有，捕食效率极高。但如果兵蚁过多，则会造成觅食环节效率下降；如果兵蚁过少，又会造成捕食环节的效率下降。它们是怎样权衡兵蚁数量的呢？一定是经过了精密的评估。看来大头蚁不只凶猛，还精于计算。即使微如蚁族，也能从极小处做到极大。

四、树上的蚂蚁

可能是地面的蚁类过于拥挤，于是有的蚁类把目光转移到树上，树叶、茎都能分泌有机物，花果也不例外，只要勤快，生计不愁。如果直接遇到窃取叶片里有机物的蚜虫，蚂蚁就可以做做打手、帮凶，也能获得不菲的回报。

树上第一种蚂蚁是腹部粗壮如贝雷帽的蚂蚁，大概是一种收获蚁。它的腹柄节向下弯曲，使腹部末端明显下弯，行动不急不缓，在每一处花叶上取食都特别专注。若站在叶子上，你从侧面看，就像一个墨色的"3"字。它不怕热，夏天中午正是它们惬意觅食的良机。

树上还有一种蚂蚁就是举腹蚁。它通体黑色油亮，腹部标准的心形，宛如黑色的钻石吊坠。举腹蚁行动敏捷，如果下地遇见铺道蚁正在取食，它们能一边偷食，又能一边避开铺道蚁的追击。遇到兴奋的时候，这种漂亮的蚂蚁还有一个极绅士的动作，把心形的腹部高高擎起，在绿叶红花间，显得极为骄傲。我还见过它们相互问候时也举腹，同时伴随点头，非常可爱。

树梢的夏花，是这两种蚂蚁可怜的餐桌。但夏天的花太少！在一朵凌霄花上，中午由收获蚁静静地进食，傍晚食客又变成一群来去匆匆的举腹蚁。蚂蚁竟然可以分时间段利用花瓣泌出的微小颗粒！如果到了秋天，弓背蚁也看上了向阳的凌霄花，仿佛它们知道花朵落地的那天，它们已经等不了。或者这深秋向阳的花朵分泌出美味，已是今年树木馈赠的最后一杯羹。而大肚子的收获蚁却不见了踪迹，一定是高处的秋寒，让它们忍痛割爱。

或许是对其他动物不屑一顾的碎屑进行分时间、分空间的全方位捡食，蚂蚁家族成为地球上最成功的动物。地球表面的蚂蚁总重超过所有脊椎动物的总和，个体数超陆生动物总和！在极小处做到极细、极精致，就能做到极大，甚至超出了人类的想象。这就是小蚂蚁的大智慧！

绊根草惬意的生活方式

上大学时，植物学教授说蒲公英是最矮的被子植物，我就纳闷，难道蒲公英不比绊根草高？也许论茎的绝对高度，蒲公英最矮，可论植物带叶的高度，绊根草则是最矮，因为绊根草茎卧在地表。

绊根草，生长在连茅草也不能生长的地方，被人和牲口踩踏的路边，留不住水的陡坡，山脊的烂石边缘。它的茎一节一节的，似竹鞭，在地表四方铺呈，遇土则向下扎几厘米长的须根。每节都长短芽，窄而短的叶匍匐在地面。不论在多么缺水的贫瘠之地，只要有阳光，有土壤，它们都会铺出茎，用叶织出绿色的毯子，遮住土地最荒凉处的伤口。

绊根草的叶短，连牛羊也啃不着。春天不能当肥料沃田，秋天不能当柴生火，是乡村最没用的草，所以又被赋予一个名，叫狗牙根。

乡村里记起绊根草，要到了冬闲筑坝的时候。人们把铺满绊根草的黄泥切成四四方方的土坯，垒紧，用榔头夯实成边框，再填土，就成了高耸的坝。被移离故土的绊根草，很快被杂草淹没，即使死了，根茎还能忠于职守地牵绊着故土，成为乡村原始的钢筋水泥。

我特别喜欢这种不张扬的浅草，四季都绿意浓浓，不像狗尾草、一年蓬，雨后蓬生一地，秋后便摧枯拉朽。它始终浅浅平平地铺在路边，直到远方。晴天，仿佛专给疲惫的路人歇脚的蒲团；雨天，又会专为路人擦去脚上泥泞。我永远不会忘记雨后，赤脚走在清流漫漫的绊根草上，脚下痒痒的、脚背酥酥的感觉，那是世间最美好的雨后。

在没有读到白芷杜时，我印象中的芳草，就是这种世间最低矮的草。有多少个青春惆怅难解的日子，选一个黄昏，躺在山脊的一片绊根草上，看蓝蓝的天，看飘远的云。那软软绊根草，抵挡住一切磨砺，是消解一切的温床。

来到城里多年后才发现，小小的绊根草身价不菲，俨然成为城里最贵重的草，大量引种，铺满小区、广场。想必最初的园林设计师也来自乡村，想起了绊根草生长在路边山顶的样子。

平地种，山坡种，树荫下、水洼里也种。大概几乎所有的人都以为绊根草生而为草，自然好活，哪里不能生长呢？结果阴湿处年年补种，但年年都生出野蒿片片。

每次造园时铺满大地的绊根草，只要过一个夏天，便支离破碎。即使几年重铺一次的草坪，两三年后，必然又沦为荒芜之地。起初人们以为是绊根草生长不力的缘故，种草人命园丁赶紧浇水施肥，谁知水肥立即引来无数杂草前来哄抢，人们又赶忙人工或化学除杂草。人们以为是杂草生长太快，可人工割除，却不知再割再除草，都是枉然。

最初听到割草机轰鸣，只觉得这是一种难以忍受的噪音；后来每每听到割草机轰鸣，仿佛听到绊根草一片片死去或即将死去的葬礼，心中满是悲哀。

只在阳光灿烂的黄泥岗上，会残存一片。原来狗牙根不喜欢水肥，只想静静待在别的草不能幸存的贫瘠之地，独自沐浴阳光。

我喜欢守着这些城里仅存的绿草。一年，两年，十年，永远是一片低低的绿意。相处得久了，你会发现绿地也在慢慢改变。十年以后，它会在冬雨后长出地苔皮，会在春雷后生美味的双孢菇，会在夏雨后长各色各样的小磨菇。它们终于长成在山脊生长的样子，长成我记忆中的样子。十年，一棵树一定已花繁叶茂。十年,这种低矮的植物,原来也在静静地改变一方土地,使它悄悄地变得稍加肥沃,稍加富饶,成为各种真菌孢子的温床。

原来守着缺水贫瘠的一片阳光,以绵薄之力影响一方天地,这才是绊根草最惬意的生活方式。从此,再听到割草机轰鸣,心中的悲哀少了许多,甚至产生了一丝欣慰,因为又有一方绊根草以决绝的方式在告别它不喜欢的生活。

荇　菜

童年就喜欢这种名字不知怎么写的水草，翠绿的叶是完美的心形，好似从不会有一个缺口或虫眼。从水底伸出的浅红的叶柄又细又长，每每从你戏水的臂膀掠过，又软又滑。不像莲，叶柄有尖利的小刺，会把你划得生疼；也不像菱，在油亮的浮水叶之下，长长的叶柄和沉水叶沾满秽渍，让人心生不快。

荇菜，是池塘无意长出的风景。若你站在岸边，荇菜总在你可望不可即的地方。静静地罩着水下的金鱼藻、菹草，仿佛在护佑一座只可远观的微型森林。只许美丽的鳈鲅鳞光闪闪地游弋，只让羞怯的小虾在它荫凉里小心进退。

每逢春夏，荇菜开出金黄的花，瓣缘有细褶，似精心绣制的裙边。那是故乡最柔软、最雅致的生命！如今在荒废的乡村，可惜已见不到这种植物。

奔走于城市，闲暇时常流连于《诗经》。在离开家乡许多年以后，才明白当年乡村不名的俗草，竟然就是诗经的荇菜，2000多年前那位水边吟哦的诗人，取材是多么的匠心独运！

清波之中有一片茂密的水草，小舟之上有一位美丽少女，窈窕身姿在水中倒影绰绰。船头荇菜轻轻向两边滑过，漾开。船上淑女，十指纤巧，左摘右采。即使在风光绮丽的江南，这也算是最美劳动场景。如果再加上春天，又遇上爱情的憧憬呢？一定称得上世间绝美风情画面。参差荇菜真的最适在诗经开篇读到。

一次偶尔见到一截荇菜断落在河岸上，连忙捡回，让它与水缸中的苦草为伴。可惜它先是绿叶憔悴，再就香消玉殒。在第二年春，又萌出瘦小的叶，待为其追肥后，方重燃生机，原来它耐贫瘠的能力远不及苦草。就在我给它殷勤添水时，它那些陷落水中的叶又迅速朽烂，再萌出一批新叶。荇菜是如此精致的生命，叶面哪怕有虫眼般点滴破损，它也会让残存的旧叶很快杇落，再生出新叶。

今年又偶遇一处荇菜花海，经打听得知，这里是一处废弃的养鱼塘。我终于明白荇菜与乡村池塘的奇特渊源。它浮水的叶娇弱，不宜生活在水位暴涨暴跌的沟渠和江湖。它需要秧田养分的滋养，故不能避世于清瘦的涧潭，而适于浮生于秧田围绕的池塘。

所以如果乡村没有了秧田，也就很可能没有了荇菜。几千年来，正是古老的稻田无意施舍，成就了荇菜参差；而参差荇菜的诗意雅致，又悄悄印在一代代田舍郎的心里。

可惜，乡村日渐凋敝，如今有几人能识得荇菜呢？参差荇菜，只能在走出乡村的人心中，一代又一代地化为绝唱。

偶遇矶鹬

那是五月初的一个早晨，阳光像鲜花滤过似的明艳。在那个即将变成工厂的山脚，有几处曾经温馨的农舍呈残垣断壁状，散裂开如绽放在草地枋花上。这是一个正在消失的村庄，挖掘机正在肢解最后一个池塘，清澈纯净而汩汩流淌的水变得黑浊四溢，直漫到我的眼前，几只灰鹭成为帮凶，打劫那些挣扎无助的小鱼、小虾。

只有四周曾经的麦田菜畦，青草在寂静生长，次生演替成人迹罕至的样子。我走在其中，心也像这绿草地，生长出些许宁静。突然空气中传来"嘀"的一声，声音短而弱，约10秒后，又传来一声，这次听到的声音虽短弱却很脆，能直入人心底。好奇让我停下脚步，等待着空气中再次响起这种声讯，倾听着它传来的方向。约10秒，期待的声音来了，但依旧短而细弱，让人即使调动了全部感觉，还是来不及判明方向。我蹲下，只能耐心等待着下一个10秒，再下一个10秒……

也不知过了多少个10秒，我终于判明它来自我所处位置的东方，猫着腰循声而去。才移动了十来米的距离，那个有节奏的声响由短促变长，变成"叽—叽"声，才听清原先的"嘀"只是"叽"的较短表现形式。这时能大致判断声音来自东南方向的一个土堆。往前移动十来米，"叽—叽"声的频率由相隔10秒变成7秒；再往前，"叽—叽"声间隔的频率又变成5秒；同时伴随每一次"叽"声的音程的相应拉长，响度也相应变强。我感觉到远处的是一只警戒亲鸟，在我看不见的草丛中警戒着我这个不速之客。再往前，每一声"叽"变得越来越强，越来越有力。

我忽然想逗逗这只紧张的小鸟，我干脆直起身子，大鸣大放朝它走去。这时草丛中的小鸟果然更紧张了，原本强有力的单音"叽"，也变成了一串串的二连音"叽—叽"，紧接着又变成一串串的三连音"叽—叽—叽"。我分明感觉到了就在我对面的草丛中的那只小鸟急速升腾的愤怒，它是在一而再再而三地警告我侵犯了它的领地。并且又能听到另一只鸟和它呼应着，只是声音更柔弱些，我想那一定是一只胆小的雌鸟。忽然我的顽劣心占了上风，想看看这对小鸟能如何应对我这个身高180厘米人类的挑衅。我径直向那一对小鸟所在的东南方向跑去。

忽然，在一串急促的三连音后，一只中等大小的鸟从草丛冲天而起，如雄鹰盘旋着，我惊呆了，收住脚步，木然地站在那里。任那只鸟儿在我的头顶骄傲地盘旋着，勇敢的"叽—叽—叽"响彻云霄。

一会后，头顶上骄傲的盘旋的鸟变成了两只，每一枚翅和尾上的飞羽都伸展得笔直如剑。两只鸟的警告声轮番冲击鼓膜，让人心跳加速，烦躁紧张不堪。我来不及思考是否该承认我顽劣的本性就向鸟类力阻的方向狂奔去！那两只骄傲的鸟也许是被我的行动吓到了，发出一串串无序的鸣音，接着由盘旋猛然改为俯冲，直扑向我的面门，我赶紧举起双臂，低头闪开。如此一次又一次，两只鸟的攻击一波接一波，我紧张得竟忘记了逃跑，直到瘫坐在草地上。

不知是因我忘记了逃跑被鸟类当作顽强抵抗，还是因为它们的攻击失去了耐心，不知多长时间后，它们停止了攻击，在我的上空作直径越来越大的盘旋，同时拉升得越来越高，"叽—叽—叽"的声音也越来越弱，身影变得越来越小，最后双双消失在天际。我站了起来，在它们尽力保卫的地方没有找到巢和卵，最后才悻悻离去。

后来才知道，那两只勇敢的鸟叫矶鹬。从此，在家中听到远处的尖锐汽笛，在马路边听到清脆的哨音，矶鹬的叫声就一直在脑海中模糊回响，但无论怎么回想，也记不起那是怎样的一种声音。

几天后的一个阴天，我又来到那片草地，挖掘机也消失了，只有草地仍在寂静生长，但带给我的感觉不再是宁静，而是寂寞。我小心地走向那一对矶鹬曾保卫的地域，却再也听不到那种直入心底的声响。我怅然若失，没有一丝胜利的喜悦。

我又心存侥幸地走向草地的西南方，走着走着，忽然又听到一声弱弱的让人不敢肯定的"嘀"声，我赶紧又向前走了几步，声响又如约地变成"叽"，我等了10秒，又再次听到熟悉的、亲切的一声"叽"。这是我第一次听懂了它们亲切的警告。我满怀喜悦停住了脚步，并且第一次理解了原来警告可以生长出和谐与美好。我第一次体会失败也会带给人喜悦！

在回家的路上，我一直在想，在这片五月就会消失的草地上，那两只矶鹬拼命保卫的，竟然不是巢，不是卵，不是儿女，那保卫的是什么呢？那应该是矶鹬儿女出生生长的地方！我们常认为家是父母生活的地方，其实家最根本的含义可能就是一个生命出生、生长的地方，所以许多生命的洄游、迁徙都是回到出生的地方。

我心存感激地望着这块曾是许多孩子记忆一生的村庄，望着这一片不受打扰的草地——将来是几只新生矶鹬终生记忆的地方，让我对生命、对家的理解更加明晰彻底。

我也感到自责，它本应在山明水秀之地安家，可怜只能找到这样的荒地，竟然也受到我的侵扰，真是不该。

第二年五月，我在采石河边一片废弃的耕地上又遇到另一对矶鹬。我只是随便走走，一不小心，它就冲出草丛，飞向天空。那应该是男主人，我也大致知道它的领地位置，就赶紧撤退了。

如果你想遇到矶鹬，可以在五六月到河滩边随意地走，很容易就能见到它，因为它会在很远处通知你。

■ 散 记

一、清明时的山冈

成片的紫花地丁，搭着金黄的蒲公英，再由白珍珠般的野报春点缀。山花就这样伴着小径，一直延伸到山坡上。野草莓在林下密集地扎起白色花环，棠梨在山冈怒放。樟树守了一冬的宿叶，开始纷纷坠落。附在石头上的地衣，依在枯木上的苔藓也都探出新绿。所有的芽都知道春天来了，是出来的时候了！或黄或紫或红，每片叶都绿绸般鲜艳，每片新绽的花瓣如新生的眸子闪着光。

一只雌乌鸫，已在高松上选定了巢址。在一个黎明，林子还不太亮时，它就从林子里上下穿梭不停。从林子底层衔起一撮撮腐叶，飞到五米高枝杈上，垒好，立即又飞向林子另一个方向。另一只乌鸫也穿插左右，但它对筑巢不太感兴趣，我想应该是它的伴侣，专门在考察爱侣的勤劳程度吧！一只大山雀，好像对雌乌鸫的工作赞赏有加，在另一株黑松上欢呼不止。

路两旁更隐蔽处，每隔二三十米都有一只强脚树莺鸣唱不止。从山脚到坡上，树莺声音会愈加动听。好像这些树莺都经过认真的选拔，优秀的会占领更高处的山道。

一切新生命，都要对阳光的普照作出殷切的回答，都在对春天的君临谱写有序的礼赞。

二、樟树的自救

雪终于占领了江南的每一处陆地，甚至山涧水潭，这是二十年来的首次。

所有竹梢点地，慈竹和暖的一丛硬被压裂成几瓣。球状的灌木丛，也如裂开花的蘑菇。此时张向阳光每片宽阔的绿叶都成了枝的负担，每一丛茂盛的枝都是树干的累赘。只有针叶的松柏，还能不改往日飘逸的秀姿。此时，落叶的楝树最是轻松，口味不佳的果，挂了一冬，终于有鹎鸟光临。

更多的鸟儿喜欢的是樟树，准确地说是一排樟树中的一株。它每一根被压低的枝条，都被叽叽喳喳的欢叫围绕着，有鹎鸟，有乌鸫，还有蜡嘴雀，大家的口味空前一致，鸟儿们在树上雀跃不止，很快抖落了积雪。

其他的樟树呢？早已秃顶，枝叶倒垂，仍一个个七歪八斜、龇牙咧嘴的模样。它们还不知道的是，明后天还将有一场不堪重负的大暴雪。难道那株樟树是唯一的晚熟品种？我逐一查看，至少有一半的樟树都挂着果，摘下尝一尝，先是樟脑丸般的气味让人头晕，再轻辣稍苦，又微甜。绝对难称味美，真有个性！为何要把果实弄成如此怪味？难怪会挂到今天。可转念一想，怪味也许正是这些樟树的价值。因为与众不同，所以才能为雪天的飞鸟留下最后救命的口粮！生命多样性的价值此刻闪现。再细细地品，鸟儿欢乐聚集的那一株樟果，似乎樟脑味淡些，苦后的微甜多了一丝。大概就是这多出的一丝微甜，成了它最受欢迎的理由。我仿佛听得到每棵樟树都在痛苦呻吟，唯有那株特别的樟树一身释然。怪谁呢？那株特别的樟树，几十年都默默结出更可口的果，似乎从不被点赞。但鸟儿们都知道，都记得，所以才有了今天暴雪中的自救。

保持个性，又在个性中多些付出，用来体现生命之间的关怀，那就是最好的森林居民。

三、河边来了一只小鹦鹉

清晨，秋阳还没照到河边柳树。荷叶的清香沁透了每一丝空气，河水澄澈一如天色，一派秋高气爽。

柳树上，一群幼年白头鹎正在玩耍，或飞起或骤落，或一起倒悬在一根垂枝上急走，或尖叫着逐飞到另一棵柳树。时而传出一声老腔的惊叫声，那是一只成年鹎鸟，在照看这个家族十几个孩子，一定是孩子们的冒险让它惊叫连连。但它没有任何要阻止的举动，因为一年前，它也曾这么顽皮，心里也许还在怀念，那是多么惬意的童年啊！

突然一只又灰又黄胖墩墩的小家伙飞来，落到一旁的石楠上，不断地发出"咿—呀—呀"的快乐叫声。背部绿灰，腹部嫩黄，金黄而弯曲的喙，在枝上一左一右地滑稽迈步，显然它不是鹎鸟，而是一只小鹦鹉。

江南野外哪来的小鹦鹉？它的故乡应该是澳洲或南美。我想它一定是从哪家寂寞的笼中偷偷飞出的雏鸟。也一定是贪玩才来到河边，又被这群小鹎鸟欢乐的嬉闹声吸引，立即萌生了想加入的念头。它在枝上走来走去，甚至也学着小鹎鸟的欢呼声，抻翅，扭头。可是，竟没有一只鹎鸟飞过来，甚至注意到小鹦鹉。此时小鹎鸟玩得更疯了，纷纷玩起蹦极跳水，先从枝上高高跃出，再垂直落下，等接近水面时，又展翅落到荷秆上。小鹦鹉学着它们的模样，想也没想地跳了下去。可是荷秆太软了，它胖胖的身体压上去，荷秆一弯一弯地下坠，荷叶一点点靠近水面。等荷叶触到水面时，荷秆晃动得更厉害了。小鹦鹉吓得赶紧飞起，拼命扇翅才回到柳树上。我追过去时，却已不见踪迹。因为这只可怜的小鹦鹉，我的心情也由欢乐转而变得沮丧起来。

四、饥饿与危险

某个早晨，见到噪鹛在林地上优雅地跳舞。

先登场的应该是位男主人，它把长尾绷直，翘得很高很高，与脊背几乎成90度角。先上下跳跃，再左撇右撇，一招一式，皆踩点合韵，真是长尾也善舞。接着另一只也踏着节奏而出，可惜刚出场就发现了我，立即发出警报，强行取消了舞会。男主人很扫兴地亮开粗嗓门冲进枝丛，我也觉得意犹未尽。

今天清晨，那丛槭树中竟已有了一只小噪鹛。它饥饿难当，径直停在敞亮处的树枝上，"叽噢—叽噢"地叫个不止。我的关注引起了其父母的警惕，它们挡在我的头顶，用刺耳的"叽啦—叽啦"发出警报。另一只帮工也凑了过来，但没有发出警报。奇怪！一周前这家噪鹛应在孵卵期，还见到夫妇俩在草地上有兴致地跳舞，难道是帮工在替它们干家务——孵卵？可饥饿的雏鸟一点不管父母的警告，仍"叽噢—叽噢"地叫着。双亲也显得无奈，只好飞离远处，雏鸟索食的呻吟方息。在它看来，饥饿的威胁远大于警报，只有索食无望时才能又记起危险。

昨天还见到女贞树上的一家伯劳，四只雏鸟围在母亲四周，雌鸟正在解离一只挂在枝上的麻雀，可食物堵不住四张嘴，雏鸟们仿佛被谁掐住脖子，百米外都能听到"叽叽"声。我一点点靠近，雌鸟连忙发出"嗞啦—嗞啦"的警报，可没有一只雏鸟住嘴。母亲猛地啄向其中一只，那只雏鸟识趣地飞走了，另两只也一同飞远，偏剩下的那只死活不停。母亲倒没有啄它，看来只有它是真饿！另三只是假饿，不过是想趁机挤占小弟的口粮而已。这一点母亲的眼睛可是雪亮雪亮的。尽管我的威胁仍在，母亲用肉将雏鸟引到枝丛遮蔽处，一次又一次地给它喂食。

体型更小的鸟才会真正在乎天敌，如屋檐上的麻雀们，樟树上的鹎。在父母离巢时，雏鸟总是保持静默，只有双亲回巢时，才会"叽叽"叫着，瞬间奋力伸出张开的大嘴。

乌鸫身体较大，寄身社区几无天敌，雏鸟则准备了两套索食音频。一是在父母离巢时，由最大的一只发出又低又哑又慢的"晌"，在林中会传出很远，这让捕食中的双亲不敢懈怠。二是亲鸟返巢时，齐声发出高频刺耳的"叽叽"声争食。

看来，真正的饥饿会抑制躲避天敌的动机，而获得食物无望时，两者的动机又会反转。如果躲避天敌的危险不大，则假装的饥饿鸣声会大行其道。

忽然觉得这些鸣叫很像幼童真真假假的哭闹声。孩子们尖厉的哭声常让年轻的父母发毛，可乡村里老人却不太在意。在他们看来孩子哭哭没事，让孩子哭一哭，不睬他，这是在降低其哭闹的预期，预期低至一定程度，便没了哭的动机。

其实生命之间较量始终存在，哪怕是亲子之间，哪怕在生命伊始。

五、蚜虫与瓢虫

只要有蚜虫的地方，迟早会见到瓢虫。

仲春时节，大大小小蚜虫中，会零星见到几只瓢虫。尽管枝叶上蚜虫俯拾尽是，瓢虫成虫或幼虫似乎都在闲逛，未见一次捕食场面。蚜虫也对瓢虫的经过视而不见，仍安静低头吸汁。

瓢虫交配的场面倒是见了挺多。早晨天光大亮时，花枝招展的瓢虫们便急急从隐身处走出，叶上叶下，高枝低枝地急走不止。直到寻见一只体色灰暗的帅哥拥在后背，才突然变得静然。这对情侣会默默厮守着一两个小时，等阳光出来时，雄性会兴奋地一边左右扇动鞘翅，一边极力摇动雌瓢虫身体，这样缠绵的场面要重复许多回，持续好几个小时。看来打扮鲜艳的雌瓢虫对爱情精心投入，还是获得了预期的回报。

如果周围有许多蚜虫，交配后雌瓢虫会就近产下艳黄色的卵丛。在夏天，只需一天，小瓢虫就能孵化。周围蚜虫丰富时，小瓢虫会很快蜕皮，变成成虫。但大多数时候，瓢虫成熟时，蚜虫大部队已转移。这时瓢虫的蛹会挂满叶背，树干，等待下一次雨后集中化蛹，以迎接潮湿天气中的蚜虫再爆发。

小区内蚜虫已迁出的紫薇树上，一群瓢虫嗷嗷待哺。空前饥荒下，一只只成蛹瓢虫，都被同种幼虫蚕食。我用叶迁出一只纤细的幼瓢虫，移到一株蚜虫正爆发的石榴枝上。小家伙立即兴奋起来，开始大快朵颐。它先用大颚一左一右钳起小蚜虫，然后像吃鲜肉包一样，大口地狼吞虎咽，吃一只蚜虫只需4秒。本来满是蚜虫、5厘米长的石榴枝，不一会就被清理得干干净净，方才身材瘦削的小瓢虫，也秒变得大腹便便。

原来那些在蚜虫堆里闲逛的瓢虫，都是吃得太饱、打着嗝的幸运儿。蚜虫为何能坐视瓢虫这等猛兽无动于衷呢？大概由于这些小蚜虫皆近亲，群集在一起，多是一位母亲单性生殖的儿女；一根枝上的蚜虫，可能来自同一位祖母产生的孙女。这样的大家庭，被捕食不可避免，有限地损伤部分个体，整体不需奔走、折腾，这对家族最有利。在瓢虫面前，蚜虫没有启动逃跑的基因，幸存个体安静吸食营养，会很快弥补种群的损失。

捕食者近在咫尺仍泰然处之，放眼自然界，这也是极罕见的智慧。

六、蚜虫与栾树

杨絮结束半月，就是朴绵叶蚜在林间飞舞的时光了。它们纤纤弱弱，袅袅婷婷，飞来飞去的样子仙气十足。同时在叶上滋生的还有蚜虫。蚜虫以树汁为食，正在选择叶薄皮嫩的叶或芽。从此榉树下的石径便湿湿黏黏的，这是头顶上蚜虫撒下的蜜露。蚜虫一旦刺破筛管，在植物运输动力的高压作用下，树汁会自动涌进蚜虫消化道。糖水太多，蚜虫们开始挑肥拣瘦，它们更想得到树汁中含量极微的氮素，多余的糖它们一点不珍惜，压力一大，就不断喷洒而出，如星似雾，溅满叶，流成露，挂满树。

栾树最易招蚜虫光顾，暮春清晨，树下蜜星四溅。树皮光滑处油光闪亮，仿佛被泼了层糖稀，从树顶，一直拖到地上。真是可惜，那都是树叶辛辛苦苦、一点一点挣来的成果啊！

糖汁有多甜？曾有一只陈在枝上的钉螺，我猜它被糖汁甜得失水，困死在树杈上。

一场大雨断断续续，三天没见到阳光，叶脉背面密密麻麻的蚜虫不见了。尤其是暴露在阳光之下的叶子，也暴露在豪雨冲刷之下。雨停了，早晨的蜜露雨也停了，植物们都获得了喘息。

在叶片稠密处，还有蚜虫。不过，它们掠夺树木的场所大变，由叶背的叶脉（那里角质层薄，易戳穿）改成嫩茎。尤其是被园丁意外剪断的茎，芽在断口处蓬勃而起，这是树木根茎中糖源源而来的结果。没有阳光，叶片便没有制造糖的动力，这群密集的嫩茎却照样有美味供养。第一天蚜虫还集中在枝顶，隔天便黑压压地向下漫过一节，一天天向根部推进，像是在吃甘蔗，一节甜过一节。

看来，蚜虫很喜欢园丁的剪枝。

七、蚜虫与蚂蚁上树

只有等蚜虫们吃饱了，喝足了，觉得这里太挤了，或是别的什么原因飞走了，还要突遇一场豪雨，冲去黏黏的糖稀，蚂蚁才敢上树！

最早上树的是举腹蚁，它们只在蚜虫撤退后，上来打扫战场，目标很小，只是捡些残羹剩饭。再过两天，真正放牧蚜虫的蚂蚁就来了。这是一种体表模糊褐色的蚂蚁，腹部肥大，身体比举腹蚁更长，也比所有树上蚂蚁更凶猛，当你触动栾树叶，它们是唯一一种不会退缩而是奋不顾身冲上来发动攻击的。为验证放牧蚁的勇敢，我把一只5厘米长的天牛移到栾树叶上，它们立刻一拥而上，冲上去撕咬。直到天牛慌张坠地，落荒而逃。后来在树干上也遇到这种放牧蚁，如果你用手指再三戏弄它，它也不会发起攻击。看来放牧蚁本来性情温和，只是为了牧场和蚜虫，才性情大变。这是唯一的一种蚂蚁，视树叶、蚜虫如同它们可舍命守卫的巢。

有蚂蚁用触角殷勤地敲打，蚜虫的蜜露就会时不时地流出。蚂蚁会不时得到惊喜，就会整天守在某个蚜虫身旁，触角敲个不停。此时若有举腹蚁出现，它们都会毫不留情地驱逐。我曾见到两只蚁各守着一只蚜虫，两天一夜不离不弃，才怒气冲冲地对一只举腹蚁动武，回头赶到蚜虫身边，立即又温柔敲打，一刻也不停止。

蚂蚁的触须如鼓槌般不停敲打饱腹，是否让蚜虫不胜其烦，甚至有被逼交出蜜露之嫌。于是，之前那些把蜜露肆意挥霍的蚜虫们，是否在将蜜露当作武器，以免蚂蚁靠近呢？我猜完全可能。

放牧蚁们先集中守护一叶，坐待蚜虫不断增殖，再开辟新的牧场。在它们的精心打理下，不到两天，它们的牧场已扩展到四片叶。哪怕是相距较远的嫩叶，也将成为它们的黄金牧场。从下往上看，许多叶都沾满簇簇魅影。可怜的栾树嫩叶，才喘息几天，叶色才露出几丝红润，又暗淡了下来。

蚜虫本已是栾树逃不过的恶魔，此时带上放牧蚁作为帮凶，瓢虫和食蚜蝇都不敢靠近，谁还能解救栾树的苦难呢？

八、蚜虫牧场日志

6月5日，晴。园丁又剪去了这株倒霉栾树的所有新枝，只剩下一根已无顶芽的残枝。无生长旺盛的绯红新叶，只有两片老叶不易被发现，所以侥幸存留。悲伤的不只有栾树，一定还有放牧蚁，它们一下损失了大量的"奶牛"。几乎所有的放牧蚁都拥到这两片叶上，可这两片老叶上，只有可怜的五只蚜虫，近顶端的那片营养状态稍好，有三只。这是一种耐热的蚜虫，几乎所有蚜虫都在芒种的温热下隐身了，只有它不惧夏日暖阳的直射，悠然地吸着树汁。这也是不乱喷蜜露的蚜虫，似乎只在蚂蚁触角敲击时才分泌，属于须挤才出奶的"奶牛"，这才是符合收获需要的好"奶牛"。看来放牧蚁是精心选育，才挑出了这种符合生产标准的优良品种。

6月6日，晴。只有顶叶的叶柄处那只蚜虫最饱满，并产下一只幼蚜虫，像粒黑芝麻，插在母蚜的身后。放牧蚁一定很高兴，家里"奶牛"添口了。仅一天，残枝的一个腋芽就已萌出，几只蚂蚁在上面忙碌不停，原来上面已入住一只蚜虫，那里可是肥美草原啊！它一定会早早产仔的。

6月7日，晴天。早上去看没动静。到黄昏时，就看到它后面也添了一只"黑芝麻"。看来卵胎生小蚜虫的产期是白天！这也有道理，毕竟白天有叶的糖分制造和输液，蚜虫得到的营养更多，卵的发育更快。那两片老叶斑块焦枯，上面一共只有四只浅色的幼蚜，那是没吃饭的菜色。一根断枝刃口萌出一芽，艳红，几只蚂蚁正在上面忙碌不停。

6月8日，大雨。那两片老叶叶片上，饿得饥黄的小蚜虫一只也不见了。艳红的新芽上，一下子出现了三只体黑的蚜虫。要知道，这枚新芽与那根残枝相隔遥远，那么它是借助蚂蚁搬迁而来的吗？蚂蚁们又欢快地巡视，一只累了想打会盹的蝶，立刻被攻击得仓皇出逃。整个牧场被打理得清清爽爽，没有一只其他的昆虫。另一枚壮实的新芽上，又有蚂蚁在兴奋地考查，似在准备开辟新的牧场。放牧蚁的兴奋程度，代表了它们对牧场的希望，眼前的景象表明，放牧蚁、蚜虫两家已度过危机，日子正一天天好起来。

6月9日，天晴，最高气温已达31℃。那只新芽上的3只蚜虫只剩下2只，且在不安地移动。而那枚新芽上，却多出了3只。此时残枝上，一只黑色蚜虫正匆匆下行，它爬下残枝，上了树桩，又径直爬上壮实新芽。看来蚜虫能自行迁移，找到最壮的嫩芽。但蚜虫怎么找到目标的呢？信息来自先行的蚜虫？或是更早考察的放牧蚁呢？

6月10日，天晴，高温。每枚新芽上的蚜虫数只有2只，没有预想的添家增口。外侧的那枚，上面的蚜虫还在不安地寻找位置。倒是残枝上的残叶背面，仍栖息着5只蚜虫，而昨天残叶上的蚜虫都迁出了吗？只能说明蚜虫开辟新牧场的计划失败。令人惊讶的还不是蚜虫扩大再生产计划的流产，而是牧场主人换了！新主人体型娇小，数量多。尾端尖垂，腹部黑亮圆润，应该属于另一种切叶蚁。新主人非专门依赖蚜虫蜜露生存，主要为草食性。它们正遍布栾树各个部位，静静地取食栾树分泌物。当然所有"奶牛"蚜虫也被接管，"挤出"蜜露也是新主人们拿手的本领。原来灰色放牧蚁呢？虽体大腹圆，行动迅捷，但现在只能可怜巴巴地躲在角落，对着自己曾经的牧场远远窥望。显然昨天的"牧场"经历了一场战争，而且它们是战败者！一夜之间，蚜虫和放牧蚁的美好家园彻底崩毁。可对多灾多难的栾树来说，岂不是久盼的福音呢？

6月11日，天晴，连续高温的第三天。一只蚜虫也没了，新入驻切叶蚁也忘记这株栾树。第一次能安静地照着太阳，该是多么幸福的栾树，它的蚜虫之患终于结束了。今年第一声蝉鸣，只在河谷嫩生生地唱了一句就停了，像是不愿打搅那棵孱弱的树。

祝福这棵大难不死的栾树，希望它从此一直平安！如果苦难让生命无能为力，如果苦难的深重一再让人绝望，我们也应相信一定有那么一天——自然会来终结苦难，因为这是自然和谐永续的基本前提。

九、北美散记之美好的自然博物馆

华盛顿令人印象深刻的是这里有众多的博物馆，在这些五花八门的博物馆中，让人心仪已久的，当推自然博物馆。这里有极为丰富的收藏品，总数超过1.34亿件。从一粒针眼大的矿石，到多达150万种的蚊虫资料。

经安检入厅，迎接你的是一头令人震撼的巨型非洲象，奋蹄挥鼻，栩栩如生。这是迄今为止，人类见到的最大的一个陆地动物。

设计者从海洋类、哺乳类、昆虫类、植物、人的起源几个有趣的主题，全方位展示了地球上的生命。

宏大的主题，又以翔实的化石细节来证明。如一只原始人类的狩猎长矛旁，配有一块被其穿洞的野马左肩胛骨化石。一块一米多长恐龙的股骨化石旁，架有一台小型放大镜，里面是一块不足1厘米的蜂鸟股骨，以此证实它们的同源。

每个展位有主题展品橱窗，下有可自由拉开抽屉，内放辅助展览的标本。多媒体展示随处可见，其中一个巨型球形旋转显示屏，正在放映地球历史，并由一位科学家作旁白讲解。

最独特的是一楼中央，有一间玻璃隔开的研究室，几位科学家正在清理粘贴化石标本，向观众展示科学探究过程。这引来许多孩子和家长驻足关注。

不过，最受欢迎的是二楼西侧的蝴蝶花房，里面鲜花盛开，十来种蝴蝶密集飞舞。参观者可侧身花间行，蝶中游，罕见又美丽的蝴蝶近在咫尺，可赏可留影。如果有幸，蝴蝶还会落在你的头上、身上，让人羡慕不已。

只可惜不懂英语，尽管旁边有位英语老师，也不能很好讲解标牌上的注解，这是最大的遗憾！虽只是走马观花式浏览一圈，才一个小时，却早已是头昏脑胀，只好撤退。

出来后有些后悔，馆内虽学无所进，但至少可蔽日。馆外华盛顿的烈日如盛夏，真不知一个下午的时光该如何熬过。好在馆外有树，树有桦有槭，树旁有椅，荫下有花，有头状花序的菊，有圆锥形花序的马鞭草，有蜂有蝶，有争食冰淇淋的麻雀与椋鸟，又有凉风徐来，可睁眼观花，可闭目听鸟。待鸟鸣稀落，蜂蝶渐少，已是夕阳西下，一个下午的时光，就这样惬意掠过。

在我所能见到的自然与生命博物馆中，华盛顿是其中最美好的一个。但其实应该还有一种更好的生命博物馆，它就在自然中，由先贤或导师用最熟悉的语言引领着。

十、北美散记之马里兰的未名湖

在华盛顿旅游期间，我们住在马里兰的一个偏僻小镇。导游没有安排最后一天的行程，于是我们自行去了附近的社区小公园，收获了不少惊喜。

沥青路面通向河谷，路旁满是熟透的覆盆子，在闪着诱人的紫红。我们决定停下脚步，先满足一下胃。红的还有些酸，紫色的就鲜甜美味，俯拾皆是，饱餐一顿，第一次吃了这么多的覆盆子，且是异国的美味野果。近溪，阳光下又是一片覆盆子，才被饱腹感压住的馋虫又被勾起。这里的覆盆子更艳更大，味更甜，里面的籽粒也更硬。没一会，才洗的手就又沾满黏黏的糖浆，直到撑得不行，才终于彻底收住手。

这才往林子里面看，直径30厘米的乔木比比皆是，更叫人惊奇的是林子中随处可见粗大的倒木。虽距社区不过百米，却是一副原始森林景象，溪浅水清，蓝翅豆娘翩然而舞。

越桥，林深鸟愈喧。一只赤红的鸭来回穿梭，像是在宣示领地。一群红翅黑鹂鼓噪不止，可能是几只幼鸟刚出窝。一只小巧的鸟在深情歌唱，直到我离它3米远时，才暗然离去。

我久久地端坐在林间的路旁树荫里，仿佛回到了故乡，心神安然，几近入睡。两只松鼠在头顶疾走，眼前草地上一只旱獭憨憨挪步。

循溪下行，又见到近十种叫不出名的鸟，鸣啼相接。再往下，有一窄湖，一只成年雄性梅花鹿在岸边吃草；湖心有几十只黑雁，把长颈轻缓探入碧波，优雅地采撷湖底的嫩藻；三只鸢在空中自在盘旋，俯视着它们的家园。

距湖对岸不过10米远，一条高速公路上车流如织。

凝视这幅奇妙的湖景，脑海中浮现的是另一座叫瓦尔登的湖，只不过它们相似度只有一半。眼前的小湖湖西引擎轰鸣，人车飞驰；湖东，古木参天，好鸟竞鸣。一动一静，一快一慢，现代与过去，人与自然竟也能如此共存？

　　我曾试探一只刚蜕皮的水龟：它感觉模糊，不能急走。但不管你怎么骚扰，它都会用一只孱弱的后足紧握蜕下的壳，不愿离开。为回到故乡，鸟儿可迁徙上万千米。有人估计，每年有两百亿鸣禽死在迁徙的途中。生命对故乡本能的依恋，固执得远远超过人们的想象，其代价甚至难以用进化规律来理解。是否人类自从机体走出森林的那天，心灵就在准备着回归森林？走得越远，皈依越切？这种天然的归属感一如我们对故乡的皈依。

　　梭罗是回归最彻底，回归最坚定的一类人。而更多芸芸众生，心灵与机体永远分离，需不断从机体居所出走与回归，以求得心灵的平衡点。可那个平衡点总会随时空不断游移，所以焦虑的产生无所不在，我们常常叹喟无处安身，其实就是在焦虑不知如何安置灵魂。

　　如果能将这种出走与回归的切换变得极其简易，焦虑便来得越少，内心的宁静就会越久。就如这座未名湖的两侧，从西到东不过百米，离家出走与回归不过百步，这应该属于心灵焦虑极少的距离。

　　将居所与山水极简对接，就个体而言，是人生幸福的另一重境界；而对城市化的社会而言，应该属于进化的特征，一种超自然的和谐。

夏天阳台上的动物群落

一、鼠妇

用果皮给墨兰作堆肥，效果很好，唯一不足是滋生鼠妇。

它们潜伏于腐朽果皮之下，不时见到探头探脑的"鼠像"，黄昏时或浇水时，不计其数的鼠妇便倾巢蠢动，苦于无法根除，只能忍耐其家族生生不息。

除了形象可憎，平心而论，其贡献不小。不管是葡萄皮、香蕉皮，还是坚韧的柚子皮，覆盖至根部，不用操心，几天就成为优质黑土。有鼠妇作伴，兰姿愈发挺拔、葱郁。

一天，担心腐朽皮下空洞化，于是用双手压紧、捶打。不想这样的操作竟然造成下面的鼠妇阵营伤兵满营。"伤兵"们也会垂死冲出朽堆，接着就一命呜呼！看来它们的身体很是脆弱，生存空间的一次小小塌方，也足以致命。第一次对这种生命产生愧疚。

令人惊奇的是，伤亡个体立即引来同伴的吮吸，这近乎同类相残。有趣的是，死亡后的个体也有身份标签。若伤亡者为幼体，立即沦为哄抢的美食；若伤亡者是凶悍的成体，即使死了，余威犹在，最先敢吸食的是幼体，接着才由成体霸占。成体的优势标签对幼体无效，这似乎让我觉出其家族有一丝温暖与可爱。

第二天一早，昨天倒的一撮茶叶，已被清理殆尽。黄昏，我就赏了它们半个猕猴桃皮。尽管内侧甜美多汁，但是它们似乎动力不强。倒是幼体探险精神足，先爬到外表大吃不停。第三天一早，猕猴桃皮内侧被啃得精光，到处撒满粪便。看来它们享受了一场饕餮盛宴。

第三、四天黄昏，没有一只鼠妇出来觅食，旁边的两株兰的盆中，早已蠢蠢欲动。看来遇到优质食物，鼠妇也会吃撑，优质食物会省去它们的觅食时间。尽管它们啃朽果皮、嚼鼠妇外壳，什么都能吃，但它们还是更喜欢幼嫩的食材，如一撮茶叶，最好是甜品。原来它们也喜欢吃好吃的，喜欢过有品质的生活。

第五天黄昏，我想给它们来个测试：一个是猕猴桃，一个黄桃，两种水果它们会怎么选呢？尽管一开始爱好者大致相当，但可能是黄桃核上水分太多，很快就分出不同。黄桃这边一层层排出梯队，被围堵得水泄不通。哪怕是黏着桃汁的干香蕉皮，也被排队享用。到第二天下午仍乐享不止！黄桃的受欢迎程度远远超出富含维生素C的猕猴桃。这也可以理解，大多数鼠妇都曾享用过桃的美味，这样的"享受"一定记录到基因上了，而猕猴桃它们遇见得少，尽管糖分高，自然没有这样的遭遇。同理，在黄瓜和猕猴桃之间，首选黄瓜。在黄瓜和苹果之间呢？应该是选黄瓜吧？可结果是五五开。这大概是黄瓜是瓜蒂部分，甜度不够。在基因和甜度共同作用下，选苹果的也就多了起来。我又用西瓜做试验，果然它们更喜欢甜的瓜瓤。我用茶叶渣、用黄瓜做实验，竟然还有一小部分选择了茶叶，它们还记得茶叶——这种苦涩的植物，这可能由于几年前，我就是用茶叶来做堆肥的，茶叶是它们熟悉的味道。

二、温室希蛛

1.结网

去年秋天搬弄花盆，发现很多蛛网，如破丝絮，挂满花盆之间、墙角。网下，一堆堆鼠妇的壳，如累累白骨，甚是惊悚。

今年夏天，我就开始关注花盆四周，果然又出现了蛛网，低头侧看，有蜘蛛息在花盆壁上，是温室希蛛。温室希蛛八条长腿，是头胸腹长度的两倍以上，第一对最长，至少是头胸腹长度的三倍；腹圆隆起如豌豆大小，头胸小如赤豆；腹背两侧有金黄花斑。

希蛛的网是一个空心的篮筐，四周都是一根根放射状的丝，在不同位置、呈不同角度斜拉，如一座斜拉桥。鼠妇落下时，如高空坠物，多足张开，被一根根丝挂住。被挂住时，蛛网的颤抖通知了躲在一旁的希蛛。幼龄的希蛛冲出来后，猎物太大会调头躲起来。成年的希蛛则会远远地靠近，第一对超长的触肢像鱼竿，不断甩丝捆扎猎物，直到被绑得结结实实，才去享用。有经验丰富的猎手，即使鼠妇已滑落到地面，它也会用长触肢把它绊住、吊起、捆绑，在猎物挣扎力量稍减时，上前一顿猛咬，猎物立即停止了挣扎。

白天是希蛛睡觉的时间，即使有猎物落网，睡意浓时它们也懒得动弹。起初我以为它蜕皮了，用草茎触碰它的附肢，它的附肢才动一下。

希蛛的网貌似无序，但从主人移动的迅捷来看，它一定是有序的，有最适主人移动的顺序。夜间，主人就待在垂直的网篮内，可迅速先在垂直方向移动，接着甩开长腿，三两步就可完成水平方向移动，在主人"眼里"根根蛛网都有不同的妙用。我曾看到一只鼠妇已逃到地面，希蛛只需在4～5厘米的高空，轻轻一拉，那只可怜的鼠妇又乖乖被吊起。

在白天仔细看，花盆的角落，处处都有网，只是大小、形状、规模不等。如果你丢下一只鼠妇，都会从隐蔽处跑出一位主人，只是大小不同，奔跑的速度不同。如果一只希蛛刚吃饱、刚蜕皮、刚醒来，奔跑速度就慢些。看来花盆内鼠妇生活不易，一旦从花盆跌落，处处都是罗网。

为何跌下花盆呢？一是鼠妇怕水，每次浇花时，都有一些胆小的个体在水流前面狂奔，总有个别在盆沿刹不住车，冲下悬崖。二是受到同类侵犯时，惊慌失措的个体，也会跌落地面。三是也可能存在一些探索能力强的个体，为探索丢掉了小命。

网篮是它们埋伏的狩猎哨所，又是它们的厨房。每一只希蛛收获颇丰，一只成蛛网篮下清理出的鼠妇外壳可达二十只之多。

2. 缚长虫

一个傍晚，一只瓢虫撞到我胸口，我马上把它献给希蛛。可瓢虫背滑，很快从蛛网上滑落，但这样的小动静也未能瞒过希蛛。希蛛飞快冲过来，想用长附肢钩住猎物，可瓢虫又施出装死术，希蛛冲过来后，胡乱瞎抓一番，无功而返。

瓢虫以为安全了，开始伸展附肢，不料希蛛对此似乎早有防范，它一直没走远，瓢虫稍一移动就被发现，希蛛立即用长腿把它掀翻，吊回蛛网。虽吊在空中，但要绑定却不容易。因瓢虫鞘翅光滑，希蛛怎么也绑不紧。只能不停地绑、绑、绑，第二天瓢虫空壳旁的网上多出来几团丝，为缚住这只瓢虫，希蛛可是花了血本了。这也说明希蛛能感觉绕在猎物身体上丝的松紧，以此来决定是否要继续捆绑。同样它们在捆绑一只黑色甲虫时，也是费了很大的力气。

一天早晨，厨房新买的空心菜里，钻出一只斜纹夜蛾的幼虫，直径0.8厘米，长5厘米，在菜叶上一副无所畏惧的样子。我选择最能吃的那只希蛛，把夜蛾幼虫丢在它的网上。膀大腰圆的长虫立刻压断了几层细丝，直接落到离地3厘米处，只要挣破一层细丝，头就能接触到地面。所以它一点没有惊慌地晃动粗壮的身体，对细丝有些满不在乎。躲在花盆沿下的主人冲了出来，主人太纤弱了，最粗的腹部，直径也不过0.4厘米，但希蛛这次没有撤退，而是向着长虫冲了上去。希蛛立刻选定了猎物的头部作为攻击目标。它勇敢地接近，机敏地避开长虫的头部摆动带来的强烈撞击，又小心移动细足，以防落入长虫强力的颚部。小希蛛上下翻滚，纤足飞舞，飞速地吐绕细丝，一次次缚向长虫头颈。长虫感受到了威胁，头凶狠竖起，摆动，细丝几乎无任何限制作用。希蛛逃走，不一会儿又回来肉搏。把丝线集中缠向长虫危险的颚部，因为这样只要避开长虫身体的撞击就能确保安全。

至于这样可否帮助自己战胜对手，在我看来，答案应该是否定的。被激怒的长虫，身体开始剧烈扭转，蛛网时刻就有散架的危险。希蛛仿佛置身惊涛骇浪中。希蛛又一次被吓跑了！但很快，它又勇敢冲向长虫头部，用自己的毒针猛刺。蛛网颠簸得更猛烈！长虫头部开始变得不规则，收缩扭动也不一致，局部似有麻痹。于是蛛网开始平静一些，但平静只持续了一刻，长虫的尾部开始发力。希蛛又被吓跑，不一会儿，又返回战场，先用丝缠，再用毒针。尾部才消停，头部仅过五分钟，似又从麻痹中清醒。这次长虫改变了战术，它使劲竖起头，垂直往下砸，蛛网立即被砸开一道口子，头部，特别是有力的胸足终于触到地面。长虫终于找到破网战术，胜利在望。

希蛛又被吓跑，却又一次冲向仍吊在网上的长虫尾部缠丝。它飞快地缠丝！确实，每多缠一根丝，长虫逃跑的阻力就增加一分。这时地面光滑的瓷砖帮了希蛛。长虫的胸足无法借力，求生的希望又变得渺茫。战斗又进入了新的僵持。但希蛛却从此再没后退，一圈圈地缠着，仿佛缠着一点点希望！希蛛又使出绝招，借长虫被弹起的瞬间力量，把大于自己身体十倍的长虫拉起，再拉起，一点点把长虫吊回空中。天呐！希蛛把庞然大物，也把胜利一点点拖了回来！

希蛛可能是利用卡文迪许扭秤原理，在垂吊着的重物一侧，只需一个很小的力，就能使重物产生一个扭矩，然后快速用蛛丝固定这个扭矩，重物就向着空中移动一点距离。若快速分步操作，重物再重，只要减小移动扭矩，也一样能把它吊起，只要牵拉足够快，重物轨迹更能接近美丽的弧线。我曾看到一只幼蛛在起吊蛛丝固定时失手，移动的猎物就发生了摇摆，导致每两次牵拉才产生一个扭矩，整个猎物的起吊轨迹呈锯齿状。

那只长虫呢？似乎在最后的希望面前，搏出了全部的力量，从此再没有翻盘的力气。希蛛似乎也知道胜券在握，开始从长虫腹部享用大餐。

一部动作巨片，时长仅30分钟。但惊心动魄，荡气回肠！有过胆怯，有过一次次害怕，但绝不放弃，小小希蛛一次次挽回败局，终于完胜！

17：00，我检查了一下长虫。虫尾有一个黑黑硬硬的突起，与虫体黏得很牢。特别像鳞翅目昆虫悬蛹的柄。长虫身体柔软多汁，这是希蛛消化的结果。但受到刺激身体还时而扭搐。看来长虫并没有完全死亡，这又使我想起寄生蜂也有此本领。

希蛛的大餐从中午一直享用到21：30，腹部至少膨胀了一倍，是真正的暴食客。长虫还吊在希蛛的厨房，还没被丢弃地面，进食时长至少10小时。

蜘蛛的生存本领远超我们的想象。

3.产卵

蜕皮两次后，雌蛛体色变得油光锃亮，背部的金斑也愈发显眼。腹部膨胀成球状，头胸部显得更小。

大概蜕四次皮。最后一次蜕皮后，成年的雌蛛都会选一个隐蔽处结网。盆沿下方、避光的花盆壁都是它们的理想住所。这些隐蔽处是白天睡觉处，过几天，睡觉处有了白色小棉球，它们就守在棉球边。这种小球就是它们的卵袋。

每个卵袋像古人钱袋，外层裹着坚韧细丝，内装一粒粒浅黄透明的卵，只在封口处留一个小孔，这里也是唯一有黏丝的部位，以此粘在盆壁上。

三天后，卵孵化出幼蛛，再过两天，长成腹部玉白的幼蛛。这时剥开，幼蛛就会围着卵袋乱爬，似乎知道那是妈妈留给它们的唯一依靠。再过两天，幼蛛腹部就变成褐色，此时卵袋破裂，它们才会四散逃跑。尤其喜欢抱着蛛丝逃跑。这时如果有一阵风，就能把它们送到远处。再过两天，幼蛛赭色，这是它们来到这个世界的颜色，它们会从卵袋口的小孔，鱼贯而出。

仅在四个花盆周围，我就找到了五只成年雌蛛。简单一算，数目相当可观。每只卵带有20~50只幼蛛不等，每只雌蛛能产6~8枚卵袋，一只雌蛛产150个后代应该没问题。

从此织一方丝网，分布在有风经过的边边角角，然后坐等猎物自投罗网。也许很多希蛛一只飞虫也没等来，最后只在这个世界留下一角蛛网。它们尤其喜欢在缝隙的开口织网。有一个深罐，从底部就被蛛网一层又一层覆盖，一直堆积到罐沿。我想那一叠蛛网，是许多只希蛛都没等到飞虫，给这个世界留下的遗书。

尽管成年希蛛对幼蛛很宽容，允许它们在自己的领地结网，但仔细清点后，我的阳台上亚成年雌蛛只有五只！

雄蛛在哪？不知道。只在有一天雨夜它来过。身体尤其是腹部匀称，体长至少是雌蛛的两倍，头胸、腹部的背侧都是纯黑，上有一道道金线，像一只美丽的蜂。黄昏时来，半夜还在，第二天一早就不见了。

我猜它来自窗外，嗅到了雌蛛气息？它在各个雌蛛的网上巡视，把一只三龄的小雌蛛吓得躲到很远处。

只见过一次雄蛛，但从雌蛛产生卵袋的时间推测，雄蛛不只来过一次。

留在阳台上的为何都是雌蛛？是存在孤雌生殖吗？否则它们又是怎样控制的呢？

三、蝇虎来了

虽然室外骄阳似火，草叶焦枯，但是在阳台的花盆间，每天都有勇于探险和愚蠢的鼠妇自投罗网，希蛛仍过着无忧无虑的生活。

它们将有利位置分割。两只花盆之间的为上，花盆与墙角之间的为中，再有隐蔽处产卵的为上佳。一只不锈钢脸盆的盆沿下可产卵，而被四只强势希蛛均等瓜分。那四只成年雌蛛高高隆起的腹部，既象征着成熟，也象征着富足。再低头看一看它们的卵袋竟有六七个之多，更显富足！它们寸步不离地守卫着这些卵袋。

今年是"空梅"，只热不雨，樟叶被烤得落叶纷纷。一个稍凉的黄昏，阳台来了一只条斑蝇虎，浅褐的体色，肥胖的腹部，一副憨厚的模样。它从墙缝里钻出（我猜它昨晚就来了，并在此睡了一觉）。

蝇虎爬上不锈钢花盆，又跳上别的花盆，在光滑的墙砖上漫步，在枝叶间巡视，自信满满。希蛛们都没有按时来到哨所（或是厨房）狩猎，难道是它们感受到了杀气？我以一只鼠妇诱出一只希蛛，蝇虎跳起，"啪嗒"一声落在草叶上，憨厚地看着希蛛捆绑鼠妇。夜里，我又来到阳台，蝇虎在一片叶下调皮观望，我就放心睡觉了。

第二天一早，不锈钢盆周围的蛛网凌乱不堪，似有不祥之兆。我低头去找，东侧、北侧（屠长虫的那只）的两只希蛛都不见了。仔细找，地表只找到两只空壳。

不一会，蝇虎也出现了，它就在盆沿下过夜的。仍一副憨憨的样子，但一只亚成年希蛛仿佛看清了这只杀手，慌忙遁去。杀手既然出手，那盆沿下西侧、南侧的另外两只希蛛就很难幸免。果然，它盯上了西侧的那只，距离不过5厘米，那只希蛛挺着高耸的腹，守在卵带间不愿离开。相持了20分钟，蝇虎试作跳起状又蹲伏，希蛛吓得也往前移动1厘米又慢慢返回卵带间。但你明显感到希蛛的移动不够敏捷，远不如捕猎时的迅速。难道是母性的牵挂影响了它？又过了20分钟，蝇虎把希蛛赶出蛛网，终于以一次精准远跳，在墙角捉住并杀死了这只希蛛。享用美好午餐只用了两个小时，但猎杀的三只都是肥美的成年希蛛。

至此，一昼夜间，阳台上所有的成年雌性希蛛无一幸免。那只蝇虎也乘着夜色离去。我把被杀的希蛛遗体一字排开，共五只。繁盛的希蛛家族一夜崩溃。

蝇虎为何在夏末才来？它是知道了成年的雌性希蛛已肥美如硕果？它是知道了猎物会守护卵带易于寻找？它是知道了要留下不够肥美的未成年希蛛，就是留着来年的希望？傍晚终于下起暴雨，秋天近了，那些腹部圆满的希蛛呢？就当也似熟果蒂落吧！

兹夜，阳台又来了一只蜘蛛，一只年轻的雄性希蛛。那是专为希蛛家族希望而来的吧！又过了十天，又有一只蝇虎来了一次，将躲藏在阳台西侧的那只唯一幸存成年雌蛛捕杀了。巧合的是，阳台东侧的两只亚成年雌蛛却又一次幸存了下来。看来让少量雌蛛幸存，似乎是所有蝇虎屠杀底线。

原始观察记录示例：每日碎片

一、如果面对一片贫瘠的山坡

这里北窗正对的葱茏的山坡，高处有几十年前林场引种的火炬松，至今没有达到人们想要的参天高度。这里真是一片贫瘠的山坡！倒是当年被清除的野竹，开始与松林平分山色。残留林缘还有零星的人们引种的檫木和一些不请自到的小构树。

窗外的蝉声倒是丰富。至少有四种，从早晨到晚上，一刻也不消停。

7月21日晴，早晨6点不到，窗外传过来粗厉的"啄啄"声响，让我从朦胧的睡意中惊醒。这是什么鸟的叫声？这么粗粝的声音，很像老母鸡唤雏的声音，我猜是竹鸡的叫声，不过不像是充满爱意，这可能是雌竹鸡在给雏鸟报警。棕头鸦雀、白头鹎都会在早晨和下午4点以后才开始欢叫。山坡密林中的一只树莺，每分钟4~5次，长短不一。但从早叫到晚，即便是烈日炎炎的午时，林中气温至少在30℃，也从未停息。所以，现在不可能是为呼唤爱情，只可能是宣示领地。

7月22日4：50还不到，就听见这里白头鹎特别的叫声，"总结～总不及

~特咕啰"，转折很多，接着画鹛先叫，后是树莺，再是棕头鸦雀。但5：30之后，只有树莺还在坚持，偶尔会有长尾蓝鹊来粗鲁地伴奏几声："挤~挤~急急急"，算是特地映衬一下树莺叫声的婉转清脆。

昨天傍晚，发现楼东侧的橡树上有一窝乌鸫，刚好可以透过玻璃，从窗口俯视。三只雏鸟热得不行，头伸出巢外，张大了嘴，不停地喘气。但一有动静，如飞来一只觅食的绿臂鸠，或路过一只珠锦斑鸠，它们立即快速举起头，嘴巴张得更大。亲鸟10~20分钟回来一次，总是从北面山边方向回来，所以挤在北侧的雏鸟占尽地理优势，每次都最先获得食物。那只雏鸟平时低头闭目休息，等亲鸟回来的一瞬间，再把脖子弹簧般地伸出，迅速得到食物，可怜的另外两只，一只大的振翅不止，几乎要跳起来，另一只小的更惨，几乎时时举起脖子。

第二天，雏鸟背上的黑羽已经较丰满。那只会抢食物的雏鸟转移到西边，亲鸟回来时，只需扬起脖子，照样先得到食物。看来，亲鸟已经决定给它优先分配食物，与雏鸟在巢中的位置无关。亲鸟着实辛苦，张嘴喘气也不停止捕食，每次喂完食，就停在巢沿一会儿。其实不是休息，而是等那只宝宝振动翅膀又撅屁股，那是在告诉爸妈，它要排粪了。亲鸟要帮它衔走粪便，以防招来天敌。如果此时碰到两只白头鹎来吃朴树果，它就会冲上前驱赶，而驱赶之后就忘记了给孩子们带走粪便的事了。

第三天，雏鸟头和脖子上的羽已经密布。那只会抢食物的雏鸟开始站在巢里，而最小的雏鸟还在把头垂在巢外打盹，两者的体格强壮程度明显不在一个档次。最强壮的那只口腔颜色暗淡了许多，和成年几乎一致，而在光下时，最弱的那只仍红艳如初。这会不会让弱小者更易得到食物呢？果然，连续两次亲鸟喂食，那只最强的雏鸟都没有得到食物。果然，这口腔红艳是一种童年标签，可以让弱小者也能得到生存机会。当然，这是在强壮后代已经得到生存机会的前提下。

第四天，从早晨5点多到晚上5点多，亲鸟一直喘着大气，在酷暑骄阳下坚持工作12小时！在硕果累累的树上筑巢，本来以为是件幸福的事，可现实表明这其实是一件烦恼的事。如这对乌鸫，巢四周都是红色的朴果，吸引了许多鸟儿的目光，特别是那些闲逛的乌鸫，让这对夫妇育儿之外多了一件事，赶鸟。

昨天开始，这对夫妇轻松了一些。它们开始喂食朴果，但很少从筑巢的树上就近摘取，可以一次带2颗朴果，满足两只雏鸟的食欲，鸟巢也安静了许多。

早晨，见到许多乌鸫，没有一只不是张嘴喘气的。树冠层的夏天还是太热了，怪不得鸟儿一般都不选择夏天育雏，包括乌鸫。这对乌鸫的繁殖，一定因为什么被耽搁了。

地表的温度一定凉快许多，贴着地表活动的鸟类应该舒服很多。竹鸡一直在地表活动，为何没有整天鸣叫呢？从身体结构看，小鸟体积小，散热更快，更适应夏天，所以树莺才叫得欢快许多。

这对乌鸫夫妇的喂食也有不同。"父亲"喜欢把食物给老大，"母亲"带回的食物则偏向于给老二和老三。"父亲"带回来的食物质量似乎更高，有昆虫、小蚯蚓，从来不会就近摘朴果。

二、穿过角质层的辣素

今晚我准备做辣椒爆炒牛肉。5点半时，我找到冰箱中的两个青椒，为防过辣，将青椒去籽剔筋。果然青椒牛肉味道正佳，一点不辣。

晚上8点，食指突然隐隐灼痛。原来这些青椒不缺少辣素，只是被我从结籽的胎座、维管束中剥离了而已。这辣素是不溶于水的，我用水冲洗几次也没洗干净。它穿过角质层，慢慢渗入，到达我的真皮层神经末梢，这一过程用了足足2个小时。

晚上10点，大拇指开始隐隐灼痛，说明辣素才通过我的拇指角质层。原来拇指角质层比食指厚了一倍。

晚上10：40，拇指灼痛消失。我只处理了两个辣椒，至多接触辣素5分钟，怎么灼痛却长达40分钟？是角质层在缓释辣素？

融入了探究，痛苦也会成为有趣的问题。

三、免疫不会忘记

十天前，在一次生拉硬扯中，右手中指指甲边缘嵌进了什么细刺，当时有些异样的感觉，仔细看也看不见有什么异物，抚摸几下异样的感觉逐渐消失。我以为"异常"是自己的感觉出了错就没再去管了。

当时硬扯了什么？我早已忘记了。

近两天感觉到曾经异样的部位对冷热水特别敏感，对烫的感觉也变得敏感，轻摁似乎有点肿。又一天，轻摁放开，会出现一条细细红印。

我明白了，那里是一个细细的异物。一般对异物的反应只需一个星期，但是由于这是中指的最前端血液循环不畅，免疫反应迟到了半个星期。在免疫反应开始的时候，就分泌了某种物质，使感受冷觉、热觉、痛觉的神经变得敏感，然后再开始炎症反立。我赶紧找来一根针，仔细地分解细细的红肿处，剔除了异物。果然伤口处又红又肿的炎症反应也迟来了半天。

生命真是奇妙。哪怕是最纤细的异物，能够逃避神经的感触，却不能逃避人体免疫的洞察。即使在被神经忘记了的偏僻角落，免疫也不会忘记，它会提醒神经系统重新记起。

整理观察记录示例：冬春的伯劳

一、雄性留守的冬天

我家附近有两只雄性伯劳，一只在小区里，另一只在小区的东侧，那里有一片茂密的竹林，还有一片宽阔的草地。我给它们分别取名"西伯"和"东伯"。

10月11日晚，晴。17：09东伯回到与小区一墙之隔的雪松枝顶高鸣。

10月12日晨，晴。5：40八哥鸣，6：05麻雀高鸣，6：10鹎鸣，6：20斑鸠热鸣。6：24东伯在草地边界小构树的树顶高鸣。

10月15日晨，晴冷。5：27八哥始鸣，5：50麻雀始鸣，6：05鹎鸟始鸣，6：09东伯始鸣，6：15斑鸠始鸣。

10月17日晨，晴冷。6：20东伯还在雪松枝上，冻得羽毛立起，好像身体突然膨大了一圈。

10月31日，在远处河边的柳林，一群鹎鸟正在鼓噪，一只棕背伯劳被迫放低身段，倚在低枝上。鹎鸟们仍不依不饶，噪鸣不止。伯劳被吓得嘎嘎地惊叫，长尾不安地上翘下绕。我走近，可能处于愤怒之中，它竟然让我走得离它只有 5 米的样子。再走近，它用昂然高飞告诉我：它没受伤。

11 月 14 日，晴冷。6：28 麻雀八哥鸣，8：49 听到伯劳高鸣。

11 月 15 日，晚阴。15：54 看到伯劳飞向楼顶，接着鹊鸲尖叫、飞起，又听到西伯的叫声。16：11 听到似乎是东伯的叫声。

12 月 12 日晨，晴冷。低温已至零下，8：35 小区里传来东伯的大嗓门，很久没听见了。严寒，让它们守卫领地的意志有些低迷。

元月 3 日 8：00，晴冷。东伯在草地旁边餐厅的屋檐上。侧面看似只鹎鸟，正面看到头，才知是只酷酷的伯劳，但眼神缺少了平日的犀利。它竟然飞到垃圾桶边低矮的樟树上，难道是为了垃圾桶里的食物？我躲在墙角后面。过了一会，果然它下落到垃圾箱边！

元月 5 日 7：40，我又来到垃圾桶边，清洁工还在扫垃圾，没看见伯劳。在回来的路上看到伯劳朝垃圾桶方向飞去，便又折返，终于看见它落在墙边树枝上晒太阳，我来回走了四五次，它也久久不愿离去。后来发现贴着墙角，伯劳刚好可瞥见垃圾桶，此时清洁工还在倒垃圾。伯劳应该是在等待时机寻找食物。晒太阳只是假装。

元月 12 日，有风很冷。16：20 在学校校园里，两只伯劳隔外河相对，寒冷使它们羽毛立起，一只立在校园内的乔木上，另一只立在停车场西北角的构树上。我走近它们身边，校内的那一只相距 3 米依然泰然自若；停车场一角的那只却在与我相距 5 米开外就惊飞而去。显然，惊起的那一只是新来的访客。但它也是新来的竞争力量。是否说明南迁的越冬伯劳也要回归了？尽管还没有一个明确的答案，但我忽然有一种亲切感，应该是春天要来了。

元月 20 日，晴冷。8：50 校园外河边高鸣的伯劳变成 3 只，其尾臀棕红鲜艳，应该是雄性的。雄性先回来，为了春天繁殖季找好自己的领地，可惜好的地段都被留守的雄性占领了。

二、春天来临

元月 21 日晴。8 点小区和电大校园的两只伯劳（西伯和东伯）也开始有力地叫板。我们二中校园里剩下两位伯劳也在叫板。河西侧的那位是从冬天熬过来的，明显不把对方放在眼里。它在哼着小曲，有麻雀的歌，鹩哥的曲，竟然还有知了的高鸣！真让人忍俊不禁啊！第二波知了的叫声从冬天柳梢传来，实在让我忍不住大笑起来。可爱的伯劳！

元月22日晴冷。低温又近零度，伯劳叫声又稀少和弱了许多。校园里，在去年旧巢的那株桂花树，飞出了新来的伯劳。它是在缅怀过去？可能是旧巢的男主人的孩子？

23日天更冷，14：30我在桂花树旁看到那只新来的伯劳，怡然自得！我走过它身边，它也毫不在意。今天又听到竹林边传来"扑救救"的响声，那是两只在撞擦翅膀的斑鸠，此起彼落，你上我下。但见到我在偷窥，它们又将"战场"延伸到竹林的隐蔽处。下午我再次来到上午的战场。在更隐蔽处，看到两只斑鸠相影相随。看来上午的两只斑鸡应该是在谈恋爱！

元月24日晨，微寒。7：40听到东南侧的伯劳高鸣，忙走出家门一看究竟，果然是东伯，清瘦了很多，还站在那株雪松上。在离它10米处的操场东南角树荫处，看到了一处伯劳的旧巢，有些残破，却大体完整。

早上8：20，见到小区的西伯冲出南门，同时还有一只一同冲出，引得东伯也来亢奋地相随。看来同西伯一同归来的还有一位公主。不一会，西伯回到小区楼顶，却头朝南方，兴奋地抖动双肩，发出"叽啦叽啦"般的声音，如同幼年时的乞食状，一会又冲出，再退回。一整天小区都有这种嘤嘤声。可惜，最终公主还是高傲地离开了。

2月5日晴冷。早晨7：00麻雀开始鸣叫，比平时早了至少40分钟。开春真不同啊！中午的天空一改凝重，云舒云卷自如。

2月11日，晴暖。东伯多日未高鸣，有何变化？一路未见到它，只在草地南侧的洋槐上见到一只俊俏的伯劳。它浑身灰黑分明，只是臀背不红。所以它不会是东伯。正在悻悻离开时，听到密林中有"叽叽"求爱声。忙返回开阔处，见到了俊俏的伯劳已落在东伯领地中央枯树顶，3米外就是去年的旧巢。不一会臀背赤红的东伯也赶到，彼此神情自若，应该已非常熟悉。那应该是东伯求来的准媳妇。不声不响就办成了大事，真能干啊！为它高兴。这是由于它的个人魅力还是它占据的领地优势呢？想想当初西伯追求美人时，一再邀她入小区视察，但兴奋的美人只是稍入小区转了一圈，就骄傲离去。可见这一片密林很让东伯加分。不过，能占得一块宝地，谁说不是眼光独特加能力超群呢？

2月14日，6：35麻雀始鸣，6：46鹎鸟始高鸣。斑鸠7：03始鸣。7：14西伯与东伯对鸣。雌性的回归，让两只雄性守卫家园的信心倍增。

2月15日，8：00东伯落在操场旁的围栏上，相好与它相隔5米开外。东伯的眉线更黑，浑身赭红。昨天还没见到，今天终于见到它的相好，也一身赭红。谈恋爱时的伯劳才真正是近朱者赤啊。见我靠近，先后飞回巢区腹地。又分别进入不同的树丛，不似鹎鸟、斑鸠那样的出双入对，还是相当的矜持。此时西侧传来了西伯的叫声，凶悍霸气。东伯有些惊悚，但没有高声回应，看来恋爱让它更有大将风度。

11：00再去看，只见到一只，背部都呈红色，那该是东伯还在留守巢区。

16：30只见到一只伯劳在闲立，16：50另一只也回归，颜色深红，热情地落到同一棵树上，但守家的那只却很冷静。守家的似乎是雌性，出访者为东伯。

2月16日晨，阴冷。7：17小区内的西伯高鸣，东伯立即回应，看来早晨的领地宣示，是绝对不能含糊的。去其领地，只见到雌性留守。

三、恋爱季节

2月17日晨晴，6：45鹎高鸣，6：55斑鸠始鸣。7：15柳莺冲出竹丛，冲向梅花丛中，它是受梅香的吸引，还是喜爱梅的红？至少不是冲着早餐，因为连最勤劳最耐寒的黑蜜蜂还没来上班呢！先冲到我眼前的是雌鸟，胆小，没待我看清，又飞旋回竹丛。后出来的是雄鸟，我们是老相识。它先在我头顶不到2米处的花枝上，愉快地来一阵高歌劲舞。又退到枝丛后，开始理羽，再伸腿、抻翅。翅下白腰都让我看个清清楚楚。

2月18日晨，晴冷。一只鸟挤入墙角竹丛，并发出叽叽嘤嘤之声，近看是东伯正在索爱。很抱歉，我的私窥影响了后续进程。东伯悻悻直飞出，落在它爱停的玉兰树顶，随后，它的小情侣从我头顶一阵绕飞，落进一处灌丛。来到小公园，在护栏边，又听到"叽叽"的低鸣，又见到两只伯劳头颈厮磨，可惜又被我撞见，害羞的小情人立即跑开，只留下东伯无趣地瞪着我。

2月19日晨，阴冷。经人类一夜炮声隆隆的轰炸，我们身边的鸟儿怎样了，麻雀竟仍6：45开始歌唱，鹊鸲也照样发声。炮声间隙稍长，鸫鸟也会偷闲插上几句。但随着炮声渐密，鸫鸟也哑巴了，只留下鹊鸲的歌声还兴致依旧。炮声一息，十几秒后单身鹊鸲就可以唱歌了。真是勇敢而快乐的鸟。勇敢的伯劳拘谨地立在荒园正中央的树桩上。见到我在远窥，又惶恐躲进灌丛上。它的小情人不知躲到哪里去了。一只斑鸠赶忙占据荒园正中央的树桩。忽然东侧小区蹿天炮响，几只八哥惊慌逃进荒园。一会西侧小区炮声隆隆，又有一只斑鸠窜入荒园石楠丛中。整个新春上午阳光明媚，但没听到一声斑鸠低鸣，也没见到一只鸫。空中再也没见到一行雁阵。直到15：45，才听到一声斑鸠低鸣，斑鸠的叫声又激起一只雄白头鸫的兴致，准确地说是一只雌鸟激活对爱的渴望，战胜了对人类炮声的恐惧。但雌鸟显然仍惊魂未定，对雄鸟的歌声没有一点兴趣。

2月21日，雨后静谧，巢菜已从枯草下冒出绿丝，丝缕雨烟也从枯枝上轻绕，这一切都似有颠覆荒园枯黄的梦想。近三天都没见到东伯的小情侣，胆小的她是否已被隆隆炮声吓坏了？会不会跑了？当远远听到伯劳"叽叽"的爱语的时候，我兴奋得加快了进步，但只看到东伯，还安静立在旧巢边的雪松顶上。我快步走到它们常约会的小竹林守候。小竹林在紧邻荒园的楼角，避风又隐蔽。最适合当约会的新房。上次我就怀疑它们在那"叽叽"地约会。很快竹林深处传来一阵"叽叽"声。我循声寻找，回望雪松枝顶，已看不到东伯影子。"叽叽""嘤嘤"声还在继续。但我看不到它们的影子。我像个胆怯的偷窥者，实在不愿再深入竹林坏了它们的好事。只好守在竹林边等它们出来。一刻钟了，我还在静静地等着。希望它们能在竹林里多待会。

四、共守家园

忽然，林梢传来阵阵"西西嗦嗦"声响，接着沙哑的"喳喳"声宣告灰喜鹊对荒园的占领。

我猜东伯绝不会坐视家园遭侵占。果然，它立刻冲出竹林，冲向一只体型较小的雌灰喜鹊，雌灰喜鹊被吓得闪到一边，但立即有体型更大的雄喜鹊赶到，同时有三四只围攻过来。东伯被挤压得节节败退，最后不得不从刺槐板倒着落地。这时忽然又一只小巧的伯劳拍马赶到，原来是东伯的爱侣前来助阵，这才算惊扰了灰喜鹊们对东伯的凶猛攻击。我这才看清它的小情侣体色和东伯几乎相同，如同着情侣装，只是雄性眉线更黑长一些，体型大一号。果然小竹林被它们视为大后方，受到惊吓的东伯迅速撤到小竹林里躲避，小情侣则擦地低飞到荒园的西南角。获胜的灰喜鹊有十来只，在荒园上上下下地跳窜。

有一只对东伯的旧巢产生了兴趣，左看右瞧，最后竟然跳到其中作孵卵状。这时东伯气得再也忍不住了，又一次冲向占巢的那只灰喜鹊，那只灰喜鹊落荒而逃。灰喜鹊是凶猛的狠角色，而斑鸠胆小，从不与其他的鸟儿起争执，我几次看到雌灰鹊对树枝上的弃巢都表现了浓厚的兴趣，不论是伯劳的，还是斑鸠的，都有一孵为快的欲望。

虽在林梢把旧巢的窃居者赶出，但立即招来更多灰喜鹊的进攻，东伯只好躲到低矮灌丛上，这时又见到它娇小情侣低飞过来，再次勇敢地为夫君助威。但经两阵较量，骄傲的东伯第一次有了挫败感。它们俩还偶尔欺负一下某只单飞的雌灰喜鹊，以增加它们在家园的存在感，最后仍高飞到一株石楠丛中，和灰喜鹊纠缠。它的小情侣又低飞别处。强盗们似乎是胜利者。它们仍在别人的家园肆虐，甚至又跑到小竹林中谈情说爱，直到强盗们匪性尽地自行离去。

小小的荒园硝烟散去，又恢复了往日宁静。谁会想到一对体型弱小的伯劳，曾面对一群剽悍的强盗，虽寡不敌众，明知毫无胜算，知道受伤就意味着死亡，也有过胆怯，但仍惊心动魄地战斗不止。它们勇敢坚守家园的场景，时时让我热血贲张。

在回来的路上，我终于明白为什么总是看不见那只雌伯劳。因为它们绝少一起公开地卿卿我我，又总你高我低的分飞。其实这样也好，可以减小被发现的概率，既有利于捕食，也降低了遭到伤害的风险。今天是我第一次见到两只伯劳共同待在一棵树的时间超过1分钟，并且是两次。因为此时它们因为危险，或者因为爱情。

在来时路上还曾怀疑它们爱的牢固程度，此时不禁哑然失笑。它们虽极少耳鬓厮磨，却时刻关注彼此，若一方有难，会立即共同面对。这大概就是真挚的爱情。

看来伯劳虽然也会在城里安家，但是它们更喜欢与人居住地保持一定的距离。它们之所以栖息在楼顶，是因为可以猛地冲向空中，用利爪捉到麻雀。它们更喜欢小区外的空地，只是城中的空地被人们的楼房一点点填满，所以它们只好一点点向郊外退让。

生命的段想

一、生命的大智慧

撒哈拉中午的阳光下，即使银蚁浑身有反射阳光的毛，也不能完全抵挡53℃的炙热。它们外出觅食的时间只有10分钟，再几乎精确到秒地记住回家的路线。因此，它们依靠太阳和气味双重定位，感觉和计算得稍有差池，就会中暑晕倒，永远也回不来了。尽管正午外出讨生活危险，但这时天敌少。更重要的是这种危险完全是可以靠自己的掌控来避免。这样来看，在看似危险的正午外出，危险系数却是最低的。

这又让我想起一只雪豹捕捉岩羊的画面。一只健壮的雪豹在光滑陡峭的岩壁上，正全力追击一只瘦小的岩羊，陡峭的崖壁下是湍急的河流。岩羊应该怎样奔走逃生？它选择的是向下！结果雪豹很快咬住了岩羊，但岩羊还是拼命向下冲，雪豹开始拼命向后扯，结果岩羊很快就挣脱了。最后岩羊虽直冲到河流里，但逃离了死亡。

强悍的雪豹为什么很快就崩溃了？因为一只向下奔跑的岩羊，其下坠的力量已超过自身体重很多，再加上雪豹自身向下奔跑的动量，雪豹要拉住岩羊就难上加难！这实在是一种大智大勇的智慧，看似最危险的方式，却是最安全的。

二、漏斗蛛

河边的黄杨被园丁修剪成规则的绿球，4片叶的小枝铺盖住球面。如果它面对的是一条肮脏的河，在荷花吐艳的夏天，会有许多灰灰的抹布一夜之间晾到黄杨枝上，每3个小枝就晾上一块，密密麻麻，裹得严严实实，绝不会留出任何一个空隙。近看原来是漏斗蛛的网，一层一层铺陈下来，每片网大致三角形，三个角吊在三支细枝上，像一块块晾晒在灌丛上的抹布。每片网深处都有一个八条腿细长、身体细弱的主人，在静待飞虫自投罗网。

夏天渐热，"抹布"渐大。秋意愈浓，"抹布"渐少，仲秋还有十块八块，每张网占据了十几个小枝。等荷塘萧瑟时只剩下三张网，主人八肢修长枯瘦，但腹部鼓胀圆润，那应该是硕果仅存的三位在等待产卵的母亲。它们会把卵产在园丁修剪不到的黄杨枝叶上越冬，所有卵里的生命会在修过的枝头又萌新枝时来到人间，织出自己的一叶灰色的帆，挂满明年夏天的黄杨树。难怪开始启航时小主人们大小相同，原来它们可能是同一个母亲同一批卵同时孵出的。

原来生命的舞台不需太大，生命之航只需在几个黄杨小枝上，完成一个家族的世代演替只需一株低矮的黄杨。

三、水牛的本性

非洲水牛重达一吨，脾气暴躁，莽撞。亲近的方式是低声温柔地呼唤，选一只好奇心强、地位高的牛去靠近，如果提供食物或水，水牛就更好亲近了。当然和一头水牛亲近后，其他水牛就不排斥了。和水牛亲近的姿势是低下头，用头亲近它的头、脖子；或用身体摩擦它的身体，或是帮它理尾巴上的毛。如果用这些方式的任何一种与它亲近，水牛就目光温润，甚至闭上眼睛，如此情景让人感动。其自然本性如此，但是谁让非洲水牛成为没有灵性、暴躁莽撞的动物？

四、木通

这是一种木质藤本，只生活在有些年份的略显空旷的林子里。通体褐色而有骨感的茎，稀疏地点缀着墨绿叶。每根总叶柄裂出5支，每支再顶生一片小叶。如五爪细龙缠绕在黑色的枝杈，蛰伏在树冠层下。开细碎的花，结深褐色的果。

果大小如乳黄瓜，有厚实的皮。深秋时纵裂，瓤如凝脂白，裹几粒润黑的籽，如一只白而肥硕又带黑点的毛毛虫。浅尝，先爽滑，再甘甜，待味尽时满口醇香。

那是一种神秘的珍果，只在幽谷清泉旁才能偶尔见到，平生也只品尝过2次。只见过一次早春开花，果熟需经过整个春夏。

五、死而未僵

昆虫有局部神经在其死亡后仍然能支持局部运动。水黾蜕下的壳，第二对足还能运动。蟋蟀蜕皮也是如此。就连雌蟋蟀死后，产卵器和尾须也还能动一段时间。这表示什么呢？其蜕皮时需用第二对足钩住水边的草叶以固定身体，至死还在坚持。雌蟋蟀一定是没有感觉的条件下中产卵，它要把最后的一点能量都毫无保留地献给了它的使命。坚韧的生命为了留下自己的基因，容不得半分懈怠、一丝保留。这就是它们在严酷的自然法则中的应对之策。

六、木蜂

在阳光灿烂而背风的墙角，木蜂用翅嗡嗡发声，在枯竹丛中飞舞。其中一只静息在竹节旁，专心致志地钻眼。我就静静地看着它如何安家。

从下午2点到傍晚5点，它花去3个小时的时间，也只啃去一层已枯的竹青。在此期间，它只离开过20分钟，就回来继续工作。我想这中间20分钟是进食去了吧。它应该是春天才破蛹的新蜂，体软齿酥的，就立即投入如此繁重超长的劳作，真是辛苦。所以它们应该是特意选择有枯竹、有鲜花的春天降生，才能让进美食与安新家两不误。

它筑巢的意念是如此执着，以至我用树枝把它挪开，也不能打断它。它不会飞走，还会爬回原处，立好同样的姿势，继续啃下去。一定是某种激素使它着了魔。它生来就是偏执狂似的完美主义者？反正一直要啃出又圆又光滑的孔，它才肯作罢。

它们会分清一杆竹上哪节枯死，哪节活着，会在枯死的节上钻眼，每节上只会钻一个眼，安一个家。它们会在竹节长侧枝的那一侧钻洞，它们知道竹篾在那一侧更薄。偶尔也会见到萎靡的青竹上有一个孔，那是木蜂已经提前嗅出了那株竹垂死的味道吧！

它们笨笨的身躯竟有如此敏锐的感觉！

七、山林的清晨

天空还如挂满渔网般的暗灰时，红头圆脑的棕头鸦雀就已成为最早的歌者。它们在一棵树上留下"呴呴呴"的叫声，就匆匆赶到另一棵树，再留下一串"呴呴呴"的三连音。好像要同时叫醒林子里鸟儿们，所以只能慌慌张张地吹起床的哨音，清脆中显出些急切。等东边天色显出一轮清亮时，麻栎的阴影比白天显得更加硕大。树上，一只鸟儿有点局促地"吁～吁"不停。怎么会有这么奇怪的鸟鸣呢？这时竹丛中一只树莺短促生硬的"吁～锐～洁"似乎启发了它，麻栗树上的那只奇怪鸟才生涩地唱出第一句"吁～锐～洁"。原来麻栎树上的也是树莺，只不过是一只刚学唱的嫩鸟。它虽能勉强完成这三个音，但让人感觉音准还有点欠缺。轮到竹丛里的那只开始展示歌喉了，它发出的"吁"声激越高亢，高亢到你站在树下却听不到声音与方向，一会儿，你耳畔和颅顶都能感觉到"嗡嗡"共振。它发出的"锐"字浑厚圆润，而又充满柔情。最后"洁"字以爆破音发出，尖锐明亮，又恰到好处的迅捷休止。虽然山林里处处都有发同样的三个音的树莺，如果仔细倾听，每只树莺歌声透出的功力都有不同。如果再仔细观察，每只鸣声动人的鸟儿，一定正面对着一只动情凝望却又在犹豫的雌鸟。这让人不禁感叹，深情的音韵，在人与鸟类中的感觉是共通的。

东边天空微红时，一只大山雀开始在枝头卖力地鼓噪，"吱波～吱波"个没完，仿佛非要把画鹛动听的叫声完全盖住。

我转到山脚，隔着山坳的竹林，静静地注视东山顶上几片云，直到它们向东的一侧慢慢被朝阳渲染出红晕。这时竹林东侧传出一声"出～柜～哟"，后二音似教堂管风琴发出的，有浓重的泛音，最后的"哟"音更是柔软绵长。那是白头鹎的歌声。竹林西侧也传来一声"出～柜～哟"，刚息，正面也传来一声。这是鹎鸟生存的对策，在叫声方面也还是以合作取胜。歌声此起彼伏，如三架风琴即兴演奏，虽只一个乐句，三个乐音，但高低长短任意拿捏，宛若三位乐者的晨光三重奏。没有指挥，只有心与自然和谐地契合，与美妙相通。

天色光亮，山腰一只啄木鸟"嗒嗒"地轻快地敲打树干，更远处是一只珠颈斑鸠，"布～谷～谷"的叫声如深沉鼓声，强有力地冲击整个山林。

这时山梁杂树丛中的两只噪鹛高声发出"浆糊～浆糊"，那应该算是尖叫，或者说是喧嚣。更像嘈杂的掌声，在宣告音乐会的结束。在这个和谐清晨交响中，每种鸟儿都只担纲其中的一个时段。噪鹛也不例外，是音乐会最末的一个乐章。

太阳就要出来，农舍"吱溜溜"的开门声响起。山林里所有生命为食物而忙碌的早晨开始了。

八、鸟儿的教育策略

今天也听到乌鸫父母们急切又兴奋的声音，它们在校园四处传响。你仔细听，树木深处有一声声"叽叽"低哑的声响，如嗓子总是有痰的老者。那是它们刚出窝的孩子在呼唤亲人，有几分急切，更带几分沉稳。

5月12日晨冷大风。四只小鸫鸟散落在四棵树上，足很强健，不惧大风。声音最大的那只，连续2次都获得了食物。旁边樟树枝上的一只只距地2米左右。先是和我对视一会，再往高枝上跳。秃秃的尾，倒是适应跳。我断定它飞不得，放肆朝它逼近。它竟飞起来了，且飞越了3株樟树，却没飞到最近的那株，上面就息着它的最强健的兄长。它是在有意不牵连它的兄长？倒是在我逼近它时，它的兄长很负责任地大叫示威起来。既然能飞，为何亲鸟带回食物时却没一哄而上的争夺？太自觉了！

如果再等几天，树丛中会传出伯劳乞食的叫声，其惶恐凄厉，百米开外也感受真切。亲鸟带回食物并不急着赶回巢中，而是等雏鸟争先恐后飞出巢外。飞得越远，离亲鸟越近，越能更早拦截到父母带回的食物。为独享食物，身体强壮的雏鸟，总是啄飞过来的幼小同胞。伯劳培育的是强悍无情才能生存的理念。

今年的小䴙䴘也很乖。以往父母不断潜水，几个小家伙不停地叫吃不饱，湖上整天叫饿声不断，天黑时也不停止。今年湖上却一直很安静。出壳第5天，父亲就溜到一侧理毛了，母亲开始驱赶紧跟的孩子。这种驱离教育往年要出现在孩子们出生20天以后。

其中1个小家伙已学会潜水，且可潜游几米远。10天不到，大家都学会自由潜水。平时乖乖地待在一起，母亲找到吃的，愿给谁给谁。显然孩子们已能自己找食了，它们已习惯了不去纠缠父母。

为何有如此孝顺的子女？这可能与去年人们抽干湖水有关。湖水干涸，使鱼大量减少。我曾观察那只可怜的虎爸，连续潜水4次也没捕获一条小鱼。我不禁想起一年前的今天，两只亲鸟在同一水域不出半米的范围，每次潜水都有收获。

看来富足的生境，造成了亲鸟们辛苦的烦恼。贫瘠的水域会迫使孩子们自强自立。孩子究竟是穷养还是富养，这是䴙䴘父母都会选择的策略，它们自然根据穷家还是富家来决定。

如果能富家穷养，那才是超自然的教育。可惜我们再理智，大多时间都不能确定家境的贫富。怎么办呢？给孩子的爱，先保留一些。

九、冬天的校园来了只树莺

16：00，那只树莺的叫声在办公室外响起，那里背风，阳光朗照，是冬天觅食的最好去处。

这只树莺的叫声独特。"嘛喇""嘛喇"，它的叫声不是很圆润，比别的树莺多了一个"刺"的尾音。第一次听见便觉得特别刺耳，像算命先生摇动的一根竹签，每当在竹筒底里产生一次撞击声，便伴随一个轻微滑动的尾音。

它是一只聪明的树莺，天冷时早上起得很晚，也不去河边湿冷灌丛，专挑校园背风的灌丛漫游。一次在路边慈竹丛和它不期而遇，我赶紧收住脚，它却也不慌张。先在一丛竹竿外侧振尾，再展翅跃到另一丛竹竿，敛翅，振尾，再闪到绿竹竿背后。整个过程从容不迫，悠然自在。口中小曲不停，节奏也不停顿。这也让我第一次仔细看清它棕红的翅，灰白的腹。它是一只有勇气的精灵。

每次坐在黄昏里，听着它独自唱着，跳着。由远而近，再由近而远。这样听着，想着，便觉得这是它的特色，虽不动听但也别有意境。

十、冬日放晴

午后天气突然短暂放晴，一扫连日阴霾。虽只有半个小时左右，但鹎鸟儿还是最先发出欢呼。

低调的骨顶鸡躲在桥下偷偷地沐浴。

在池塘向阳的一侧，噪鹛一家也选中了一株倒在水中的枯木作澡场。它们在上面跳跃着，"啾啾"不止。先是父亲蹲到水里，摇摆着身子沾水，再跳到高处理羽。一只近尾两侧赭红的幼鸟沿一根枯枝，战战兢兢入水，入水出浴时都会发出兴奋的尖叫。这该是一只胆大的雄性幼鸟，他的成功引得大家争先恐后地试探着临水、出浴，最后连近尾两侧银灰的雌鸟也跃跃欲试。尖叫声此起彼伏，水上枯枝乱颤，惹得小家伙们又纷纷二次入水。

然后各选高枝，静静地抖水、理羽、抻尾、晾翅。每一步都做得兴致盎然，其乐融融。

第一次发现这家噪鹛竟有7只，这是由于此刻每只噪鹛都忘记了躲藏。此时，他们也一定都忘记了眼前的严冬、过去的阴霾。此刻便是噪鹛一家最幸福的时光。

生命的快乐有时真的很简单，且能相互感染。能传染简单的快乐，大概便是家存在的意义。

12：00，两只小鹛鹛在荷杆丛中潜水，开始玩献鱼的游戏。先试图吞咽，却又吐出。再反复叼着不同位置，却依然是吞而不进。又衔鱼潜水，再试着吞咽，还是吞不下。看来在他们心里，想吃鱼与求爱的念头一直在打架，一会吞咽的心思占优，一会求爱的想法更炽。只可惜旁边没有异性，来欣赏他们苦心欲献的殷勤。

十一、白腰文鸟

7：53，晴冷。冷清的苇丛里一只小鸟的身影闪动。初以为是那一只孤独的树莺，但接着又闪出一只。一只落在坝埂上，另一只也落下。它背部棕红，翅有黑带，宽大的喙黑色，原来它不是树莺，而是白腰文鸟。接着，从临水的岩石下又闪出一只，再闪出一只……像变魔术一样出来四只一模一样的小家伙。他们先飞到苇秆上，再落到地上小啄一番，听到路人喧哗，赶紧飞到苇秆上。一边小幅振着翅，一边瞭望着，又"嘘嘘嘘"地商量着，其中四只迫不及待又落到地上猛啄。但有一只却警惕地留在苇秆上观察，见一切正常，才落地啄食。没猜错的话，这是温暖的一家子。他们已在这安家三天了。显然那个警惕性最高的，应该是深谙处境危险的一家之长。

那只可怜的树莺，一定被文鸟一家"嘘嘘嘘"的歌声吵得受不了，到谷顶的湖边过夜去了。也好，那里的安静让他一觉睡到八点开外，直到林中明亮的光线唤醒了它。

十二、红尾鸲有大智慧

7：35，那只远道而来的红尾鸲两次飞落在坝埂上，捡拾了两枚菖蒲种子，似乎就已心满意足了。

7：40，那只小翠鸟欢叫着准时赴约，停在水边巨岩上。巨岩如一面宽大的餐桌，可静候了20分钟，水中"早餐"仍未露面，只好悻悻然"呴呴"两声离去。也许是今天的溪谷太冷清了。幸运的红尾鸲，落到四角亭东边，侧目看着不到3米远的我。它一会落到西侧，一会在枝头，一会在石上。并且卖力地表演停息的花哨动作。他落下那一刻腿先下蹲，身子再下蹲，脖子头再蹲。与此同时，翅左右微振，细尾划着圈更迅速摆动。

其实，红尾鸲是在展示他在进化中获得的绝技。这种身体上下前后的起伏，能让翅上两道白斑，还有枕后白斑，三块耀眼白斑三个维度闪烁，会晃得每一位捕食者头晕眼花。再加火红的细尾更快地摇摆，像随时左冲或右突，更让捕食者难以抉择。

这种停息时的炫技，看似多余的在浪费能量。实则是让捕食者怯弱，把每一次逃避追杀的危机化解在萌芽之中。等于把防捕食提前到捕食行为发生之前去完成，这真叫"不战而屈人之兵"！不得不服，小巧的红尾鸲，漆黑配鲜明的赭红，又背亮眼的白斑，却敢孑然一身地从北方迁徙至江南。

原来小小的红尾鸲是有大智慧的！

十三、苇丛里的山雀

当苇丛的最后一丝青绿也要枯竭时，芦花便由紫转白，苇干也由低垂变得绷直。溪谷里所有的山雀都得知了这一消息，一群红头长尾山雀不顾大家反对，把家临时地安置在苇丛。

7：20，苇丛中过夜的红头长尾山雀，先起床的是成鸟，背部银灰，红头。围绕喙的一抹纯黑直包到枕部，顶上一圈洁白，腹部再一圈棕红像京剧脸谱一样酷。它们像飞镖一样"嗖嗖"地散开来，再在芦秆上急速漂移，听到一声呼唤，又如一阵风飘到高树上。

苇丛里留下一群幼鸟。幼鸟只把成鸟体色中的白色保留，却把成鸟身上红色通通换成灰黑，在灰黑的边缘处又有稀稀拉拉的棕红点缀。只在背部多了两块白斑，一副邋遢的滑稽模样。

它们似乎没有迫切的饥饿感。或一起悠闲地吊在一支苇穗上，或挤在横斜的一根苇秆上。像在啄食，又像在取暖，更像在戏耍。但小小年纪却纪律严明，一声哨响，它们立即如旋风飘向远处。一会，再一声令下，又忽地飘回苇丛。一会，受到惊吓，又一起飘移到别处。动作敏捷程度吓我一跳，本以为苇丛只是它们的幼儿园，不成想却成为它们的训练营。它们始终同步，即使要落到地上觅食，也是如几个小绒球，同时落在一块。一数，共13只。

但有一只雏鸟落单在苇丛中，又孤单地飞到一株柳树上。我猜它病了。在这样深冬病了，会是怎样的结果，真叫人不堪设想。

第二天，冒着寒风，我又早早守在苇丛边。从七点等到八点，冻得清涕直流，却一只山雀也没见到。一定是寒风吹散了芦苇种子的诱惑。我猜它们一定躲到一个避风的角落，正挤在一起御寒呢！

忽然理解了挤在一支苇秆的那些雏鸟，像极了我们曾经的课间童年。站在墙根晒太阳还冷，于是，乡村的孩子贴着墙，并排站立，呼叫着从两侧向中间紧紧推挤。为了不被挤倒在地，只有左右用力，上下力撑。不一会，便额头冒汗。

又忆起昨天那些抱团吊在苇穗上的小山雀，躲在那毛茸茸的芦花里，其温暖的感觉，也一定不逊于躺在隆冬乡野间的一处草垛。

我不禁担心起那只落单的小山雀。今天的它，又会在哪里呢？

十四、火棘树下的和谐

一株火棘骄傲地立在南侧悬崖上。周身挂满赤豆大小的红果，顶部枝条都坠得披挂下来，如一袭红袍加身。入秋以来，它就这么诱人地站着。可鸟儿们知道，这只是火棘树在提前打招呼而已，它的果仍酸涩。所以它们只是远远地看着，看着火棘果红色一天天加深。一直要等到入冬，红果一天天变甜，变面，如一颗颗小山楂。

当冬至来临时，火棘树顶满当当的红果终于被白头鹎们搬得干干净净，只有近地表的枝上仍一片紫红。那一袭红袍，终于被鹎鸟拾掇成一件美艳的短裙。奇怪！白头鹎们似乎视而不见，又似是看不到这种诱惑。

那只晚起的红尾鸲在火棘树顶"嘛嘛"了几番，一跃而下，画了一道弧线，才叼走一枚红色的果。红果太大了，它有些踉跄地息到岩石上，强张上下颌，才吞下美味。是否因为果太大，它只取一枚，早餐足矣！一只肋部两抹棕红的强脚树莺也为早餐而来，它径直先入棘丛中，再扭头向上，飞行中摘下一颗红果，满意的离去。可以想象，这一片鹎鸟们遗忘的火棘果，一定是这个冬天树莺、红尾鸲们最温暖的记忆。

7：40，就在秧鸡上行之时，溪谷中飞来一只小翠鸟。它总是这个时间来，且只停在潭水西侧，对潭面静静俯视，再俯冲而下，就每每总有收获。大概只有这清晰的晨光，从东面俯照下来，才是小翠鸟最喜欢的光强与角度，清晰而不刺眼，又适俯瞰，应该是它们最舒适的进餐时光。

我忽然觉出这火棘低枝上处处红果的原因。这也可能与鸲鸟觅食的角度有关。它们先在远处看到树冠顶部的果实，再招呼着同伴，三五成群地飞到附近的一处高地，见四处安宁，便迅速迫降到树冠，叽叽呱呱地大吃一番，再匆匆离开。总在高处观望，自然漏掉低处风景。也好，这给待在树冠低处的鸟儿留下过冬的机会。

十五、充满温情的凋零

十几年来，一直没能养好一盆植物。所幸有一盆墨兰无视了我家险恶的环境，生根，萌蘖，日见兴旺。一大家族都郁郁葱葱，年年繁花。可今年初，几株老叶经常萎靡，再浇水也没改观。我猜墨兰已感染了病菌。于是决定在春天给这拥挤的一家分盆。

果然，那三株老叶下的根已几乎烂光。我有些愧疚，把还算苗壮的新苗移到一个花瓶里。那是一座高60cm的大理石花瓶，初见时釉绿重彩，特别吸人眼球，于是不吝财力，将它从云南扛回。一盛水才发现，它根本不能当花瓶。不仅渗水，连翠绿色彩也在沾水后消退。还好，当时没忍心扔掉，现在正好把它降格成花盆。至于病入膏肓无根的几株墨兰，就留在老盆里，让它们听天由命吧！

没想到，大理石花盆里的墨兰长得很欢！绿叶滴翠，暮春时节，竟然就开了花，且又分蘖一株4片肥嫩叶的新苗。原来石质才是墨兰最好的依托。既能帮墨兰留住水，还能让怯水的墨兰根透气。

老盆中的老兰又依次憔悴了两株，只剩下了伶仃的一株二叶了。衰老的先后顺序，也严格按他们来到这个世界的顺序。生命是否都是一条单向延伸的线？前面的苗壮成长，后面的衰老、死亡。就如我们一天天成长，双亲渐渐变老直至逝去？

这种想法令人心痛。我决定再为它努力一次，为它又换了培土。但它还是孤苦地待在一角，看石盆里子孙兴旺，看它们开花，看它们分蘖。

就在我不抱希望时，它却孕出新芽，且是两个。新芽柔弱，迟迟爆开时已是深冬。三叶，比石盆里的新芽少一叶。仿佛是把石盆里那株开花的力量，置换、孕育成了芽。由于营养匮乏，柔弱到只能靠自己慢慢成长。

两片最老的兰叶也奇迹般一改颓势，一天天康复，仿佛因新芽的出现返老还童。新芽日新，老叶渐墨。

衰落将死的老兰，本有希望的芽，可开启另一段崭新的生命旅程。但当子孙拥挤在一起时，生趣了无，生意几乎泯灭。看来在拥挤时，老兰一定得到一种讯息，指示他把生的有限资源留给年轻的兰株。家族年轻者更有希望，更有活力。为此，老兰必须为家族作出牺牲了。

想起一个实验，把一株蚕豆养在一瓶清水中，它会不断地落叶，长叶，使茎上只有两片绿叶。为何？因为水中供给绿色的营养只能维持两片绿叶。只有老叶凋亡，才能供养得起新叶。

其实如此这般的，还有那秋天凋零的树。黄叶的纷纷凋落，正是为了树的过冬，把生机留给了蛰伏的芽，给了明年春天的叶。

所以墨兰也是如此。谁说不正是前几片老叶的凋谢，才保留了这两颗新芽的希望呢？这样的凋谢一点也不悲凉。

不只是墨兰，我们所有的生命都会成为一个家族最老的一株二叶，会在有一天凋谢。如果能真的如此为爱凋零，这样的凋零也充满温情。